あそびが 学び となる
子ども主体の保育実践

子どもと社会

編・著 ● 大豆生田啓友（玉川大学教授）
著 ● 三谷大紀（関東学院大学准教授）・佐伯絵美（子どもベース代表）

写真／RISSHO KID'S きらり 岡本（東京都）

Gakken

contents

第3章 地域社会に生きる

子どもを取り巻く「社会」への一考察

大きく変化する社会情勢の中で、今、私たちは子どもと社会のかかわりや、
子どもが生きるこれからの社会をどう考えていけばよいのでしょうか。
さまざまな角度から、子どもと社会の在り方を考察していきます。

写真／宮前幼稚園（神奈川県）

保育の中で
「子どもと社会」を考える

大豆生田啓友

社会に向けて、園を開いていくこと。それが、これからの時代に生きる子どもたちが、社会と協働していく第一歩となります。本書は、あそびや活動の単なるノウハウ本ではなく、社会とつながることの意義や、子どもの探究をさらに深めるための社会資源の活用について解説していきたいと思います。

変化する社会と子どもの生活

社会は大きく変化しています。世界的に見ると、地球温暖化などの環境問題、差別などの人権問題、経済的な格差拡大などの貧困問題、食料問題、分断や国家間の争いの問題など、多岐に渡ります。さらに国内においても、経済の低迷や、急速な少子高齢化があるほか、虐待や不登校、貧困家庭の問題など、子どもを取り巻く課題は特に深刻です。

こうした社会の問題は、子どもの生活や育ちと無関係ではありません。子どもを取り巻く環境は大きく変化しました。子育て家庭が孤立し、地域社会とのかかわりは希薄化しています。子どもの声がうるさい、園が迷惑施設のように言われる時代です。さらに、経済格差は二極化を生み出し、貧困家庭で育つ子どもは7人に1人と言われています。

また、デジタル化社会は進みつつあり、乳幼児期からスマートフォンやタブレットの動画やゲームなどの接触時間は大きく増えています。さらに、共働き家庭の増加、シングル家庭の増加など、低年齢からの長時間保育が増えているのです。

時代や社会の変化が、子どもの生活に大きく影響を与えていることがわかります。園における保育は、ますます重要な時代だと言えるでしょう。このような社会の在り方の中で、保育の在り方を考える必要があるのです。

学びのドーナツ論から見る「子どもと社会」── 二人称的アプローチ

　まず、子どもはどのようにして、周囲の世界、あるいは社会とのつながりを形成していくのでしょうか。その視点として、佐伯胖の「学びのドーナツ論」（図表1）を通して考えてみましょう。

　「学びのドーナツ論」では、I（子ども）はYOU（共感的な他者）との二人称的な親しみのあるかかわりを通して、THEY（見知らぬ世界、社会）へと学びを広げていくと考えられています。子どもは、信頼できる大人（保育者、保護者）との安心感の中で自分の世界を外へと広げていくことができるのです。

　例えば、歩き出せるようになった幼児が公園で犬に興味をもつようになり、「ワンワン」と言いながら近づいていきます。これは、近くに信頼できる大人（二人称的な関係がある存在）がいることで、犬（見知らぬ世界や社会の存在）に近づいていけるのです。YOU的な関係（二人称的なかかわり）があることで、THEY世界（見知らぬ社会）へと自分の世界を広げていくことができると説明できます。

　このYOUは人間とは限りません。モノや自然とのかかわりでも同じことが言えるでしょう。ある幼児が絵本で星の物語に興味をもつことで（星とのYOU的、二人称的な関係）、図鑑で星や宇宙について調べてみたい、プラネタリウムに行ってもっと知りたい（THEY世界、見知らぬ世界・社会）と、学びを広げていくこともそうなのです。

　つまり、子どもと社会とのかかわりを考えるうえで、まずは身近な周囲のヒトやモノ・場・自然との二人称的な関係（心の安全基地、親しい関係性）が基盤になるのです。園生活において、保育者との関係、周囲の友達やモノ・場・自然との関係からとらえていく必要があります。そもそも、保育における「社会」は地域などの園外だけにあるのではなく、園内の小さな社会からとらえていく必要があるのです。

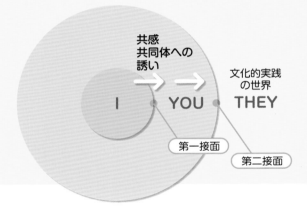

図表1
「学びのドーナツ論」。子ども（I）が外界（THEY）に対する認識を広げ、深めていくときには、友達や保育者、保護者、地域の人など、共感的な二人称的世界（YOU）とのかかわりを経由する。

「生態学的社会システム」 （ブロンフェンブレンナー）から考える

　また、これからの保育は、単に園内だけで閉鎖的に考えるのではなく、周囲の社会との関係の中でとらえ直す必要があります。ブロンフェンブレンナーは人と複雑な社会システム、つまり周囲の環境との相互作用の中で人の発達をとらえようとし、「生態学的システム理論」を提唱しました。図表2は、その理論を参考にして、乳幼児の生活を中心にとらえたものです。

　この図では、中心に「子ども」（人）を置き、その周辺に①マイクロシステム（子どもと直接的にかかわる環境。家庭、園、地域など）、②メゾシステム（マイクロシステム同士の環境。園と家庭、園と地域、家庭と地域のつながりなど）、③エクソシステム（子どもに間接的に影響を与える環境。保護者の職場環境、きょうだいの学校など）、④マクロシステム（社会環境。文化・宗教・法律など）としています。

　子どもの生活は、周囲の社会的な関係の網の目の中にあるのです。そのため、マイクロシステムにあるように、子どもの姿を園以外の家庭や地域とのかかわりの中でとらえ直してみる必要があります。さらに、メゾシステムの視点にあるように、園と家庭、園と地域との関係などは、これからの保育を考えるうえでの重要な関係性を示しています。そして、エクソシステムにあるように、子どもと家庭との関係は、その周囲にある保護者の職場や、きょうだいの学校などとの関係性の中にもあるのです。また、マクロシステムの社会環境として、SDGsなど、持続可能な社会の視点や文化を意識して保育をとらえ直すことも求められます。

　本書では、このように、子どもの園生活を周囲の社会との関係性の中でとらえる視点に立って、保育実践を考えたいと思っています。

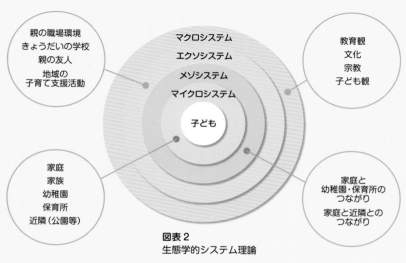

図表2
生態学的システム理論

一人一人の尊厳・多様性への寛容さにつながる保育

　子どもと社会の関係を考えるとき、子どもが他者や周囲の世界（社会）に親しみを感じ、大切にしたいと感じることが不可欠です。そうであるとすれば、その根幹となるのが、一人一人へのリスペクト（尊厳）という視点になります。その重要な前提条件となるのが、乳幼児を未熟で無能な存在ととらえるのではなく、個々の存在そのものが尊厳ある存在なのだという見方をすることです。その子自身が尊厳をもってかかわられることで、自尊心をもつことができると同時に、他者に対してもそのようにかかわれるようになることにつながります。

　倉橋惣三は幼児を指して、**「人間は一人として迎えられ、一人として遇せられるべき、当然の尊厳をもっている。」**（『幼稚園雑草（上）』フレーベル館 p.33）と述べています。この視点は、現代においてもなお、大きな意義があります。

　2023年4月から施行された「こども基本法」の第三条の基本理念の一には、**「全てのこどもについて、個人として尊重され、その基本的人権が保障されるとともに、差別的取扱いを受けることがないようにすること。」**と明記されているのです。

　一人一人の子どもへの尊厳は、多様な個性が尊重されることでもあり、それは多様な他者に対する寛容性につながります。保育という集団の場は、育ち合いの場でもあります。保育者による多様な個への尊厳あるかかわりは、子ども同士が互いの個性を尊重することにもつながるのです。まさに、そこに小さな民主的なコミュニティが形成されるとも言えるのです。

10の姿
「社会生活との関わり」への着目

　さて、幼稚園教育要領や保育所保育指針、認定こども園教育・保育要領では、保育と社会との関係についてどのように記されているでしょうか。園生活において、子どもと社会のかかわりの視点は、「幼児期の終わりまでに育ってほしい姿」（10の姿）の「社会生活との関わり」で以下のように示されています。

家族を大切にしようとする気持ちをもつとともに、地域の身近な人と触れ合う中で、人との様々な関わり方に気付き、相手の気持ちを考えて関わり、自分が役に立つ喜びを感じ、地域に親しみをもつようになる。また、幼稚園（保育所保育指針では「保育所」）内外の様々な環境に関わる中で、遊びや生活に必要な情報を取り入れ、情報に基づき判断したり、情報を伝え合ったり、活用したりするなど、情報を役立てながら活動するようになるとともに、公共の施設を大切に利用するなどして、社会とのつながりなどを意識するようになる。

（幼稚園教育要領から）

　保育の場において、家庭や地域とのつながりを重視し、そのつながりや情報を園でのあそびや生活に取り入れ、活用し、社会との関係を意識するとともに、自分が役に立つ喜びや地域に親しみをもつことの重要性が記されています。本書の子どもと社会とのつながりについては、この「社会生活との関わり」が中心になりますが、ほかの姿ともつながってもいることを付け加えておきたいと思います。

家庭との連携の中にある保育
——サービスではなく協働へ

　社会とのつながりの一つに家庭があります。園は、単に保護者へのサービスを行う場ではありません。子どもが真ん中に置かれ、家庭とともに子どもを育てる場です。だからこそ、家庭との連携や協働が求められます。近年、ドキュメンテーション（写真記録）を行う園が増えてきた背景には、家庭との連携や協働が重視されるような流れがあるのでしょう（大豆生田・おおえだ, 2020、大豆生田・岩田, 2023）。[1]

　園での子どもの育ちや学びの姿を可視化することで、家庭と情報を共有し、対話的な関係が生まれ、協働的な関係にもつながります。

[1]　大豆生田啓友　おおえだけいこ（著）
「日本版 保育ドキュメンテーションのすすめ」小学館. 2020
大豆生田啓友　岩田恵子（著）
「役立つ！ 活きる！ 保育ドキュメンテーションの作り方」西東社. 2023

事例① ミカン風呂を作る

　5歳児クラスでは、絵本を読んでいて、ミカン風呂のことが話題になりました。そこで担任保育者は給食室にお願いをして、おやつにミカンを出してもらいました。すると、おやつの後、子どもたちからミカンの皮を家に持ち帰りたいという声が挙がり、ほとんどの子が持ち帰ったそうです。みんなが家でミカン風呂をやってみたいというのです。そうした子どもの姿を、その日のドキュメンテーションに書き、保護者にも発信したそうです。翌日のサークルタイムで「ミカンの皮、どうした？」と聞くと、多くの子が「ミカン風呂をした」とのこと。家庭によってさまざまなエピソードが聞かれました。また、保育者に保護者からの声もたくさん寄せられたのです。しかし、困ったこともありました。何人かは「捨てられてしまった」など、子どもの思いが家庭で受け止められなかった実態があったのです。保育者はその子たちの寂しそうな様子がとても気になり、何か園でできないかと考えました。それが園で、「ミカンの皮を入れた足湯をやってみよう」というアイディアにつながりました。

　保育者が子どもにそのアイディアを話すと、やってみたいとの声。子どもたちは給食室からもらったミカンの皮をたらいのお湯に入れ、クラス全員で「ミカン足湯」を作ったそうです。その後も、子どもたちの試行錯誤は続き、子どもはそのことを家庭でも語り、家でもさまざまなお風呂を楽しむ姿が見られたそうです。

　この事例のように、園の子どもの姿を可視化し、家庭との連携、対話を行っていくことが、園だけでなく家庭での豊かな経験につながることがわかります。これからますます、子育ての社会化が進み、家庭もさらに多様化していくでしょう。だからこそ、家庭を巻き込んだ取り組みが重視されるのです。

（群馬県・あさひ第二保育園の事例から）

地域活用としての学び ──「まちに出る」保育へ

　そして、保育における子どもと社会とのかかわりを考える上で、地域（まち）とのかかわりがその中核となります。

　重要な第一の視点は、子どもの学びの資源として、「まち」が豊かな環境であるということです。これまで、多くの園でも「お店屋さんごっこ」などの活動が行われてきました。しかし、実際のお店を見たり、かかわったりすることがあまり多くはないようです。これは、とてももったいないことだと思います。なぜなら、実際にお店に出向いて、その商品を見たり、お店屋さんの人の声を聞いたりすることで、お店という文化的な営みへの関心が高まり、子どもたちはそれを自分たちの発想で再現をしようとするからです。また、子どもはそのお店だけではなく、自分たちの地域（まち）へ愛着をもつようにもなるのです。

　日本の多くの園には、「お散歩」文化もあります。園外に出ることで、子どもは「まち」のさまざまな魅力的な環境に関心を寄せます。散歩に出ることで、自然物だけでなく、多彩な社会的環境に出あいます。マンホール、ポスト、信号、駅等々、挙げたらきりがありません。お散歩に出かけたことから、子どもと地域のマップ作りをする園も少なくありません。散歩というのは、地域の豊かな社会資源と出あう場でもあるのです。

事例② ## インドプロジェクト

　5歳児クラスの事例。まち探検で商店街を探索していた際、たまたまインドカレー屋の前を通ったときのこと。ある子がインドカレーのディスプレイを見て、「これ、なんて言うの？　なんて言う食べ物？」とつぶやくと、それが子どもたちの問いになり、開店前の店の前で子どもたちの会話が続いたそうです。すると、中からインド人の店員さんが出てきて知り合いになりました。後日、実際にカレーを作っている様子を見せてもらうことに。そのおいしそうな匂いと魅力に引き込まれる子どもたち。「インドカレーはどうやって作るのか」と聞くと、「ガラムマサラなどの香辛料を入れる」ことがポイントだとわかります。園に戻った子どもたちは、自分たちもインドカレーを作ってみたいということに。そして、子どもたちはスーパーでガラムマサラに使う香辛料を買い込み、カレーを作ります。

　しかし、実際にできたカレーは「激まずカレー」だったようです。そこで、再度、先日行ったインドカレー屋さんを訪れ、作り方をくわしく聞きました。そこで教えてもらったレシピ通りに作ると、とてもおいしいインドカレー

ができて、子どもたちは大喜び。何度かカレー屋に行くことでインド文化に興味をもった子どもたちは、その後、インドの本を読み、ミシンを使ってインドの服をまねた服を作り、インドの人とおしゃべりをしたいなどと話が盛り上がったそうです。そして、保護者などが参加する発表会では、インドの踊りを踊って見せるなど、活動が広がったと言います。

（神奈川県・RISSHO KID`S きらり　相模大野）

「まち保育」の視点 ── 社会全体で子育てへ

　事例②を見ると、「まち」がいかに子どもの学びにとって、豊かな資源であるかがわかります。この事例でおもしろいのは、「まち」とのかかわりだけではなく、外国の文化（異文化）に親しむ機会にもなっているということです。自分たちの地域への親しみに加え、異文化に親しむ機会があることの大切さもわかります。

　そして、この事例もそうなのですが、地域とのかかわりの第二の視点は、お店は子どもが地域に親しむ資源としての意義だけではなく、地域の人が子どもに親しむ機会になるということです。現代社会は、地域の中で「子どもの声がうるさい」と言われたり、園が迷惑施設だと言われたりすることもあります。この背景には、日常的に子どもにかかわる機会が少ない人が増えているからだと思います。園児が地域の人とかかわる機会が増えることは、地域の人が子どもに関心をもつ大切な機会です。イベントとしての交流ではなく、具体的な出来事を通して、実際にふれあい、互いに声をかけ合う関係が生まれることが大切なのだと思います。

　それは、「まち保育」とも言えるでしょう（三輪ほか, 2017）。[※2] 園児が「まち」に積極的に出向いて地域の人とかかわることが、社会全体で子育てをする機会を作ることにもつながるのです。近所の高齢者、お店の人、専門機関の人、企業の人などとの多様なかかわりが考えられます。また、小・中・高・大学生など、子どもや青年とのかかわりも大切です。それは、保護者や子どもに日常的にかかわる人だけではなく、多くの人が子どもを育てることへの喜びを感じる社会作りにもつながるのです。

※2　三輪律江・尾木まり（編著）「まち保育のススメーおさんぽ・多世代交流・地域交流・防災・まちづくり」萌文社. 2017 年

子どもの人権を考える 10のポイント

大豆生田啓友

2023年4月からこども家庭庁が発足しましたが、そのスローガンは「こどもまんなか社会」です。「こども基本法」も成立しました。この法律には、国際的に広がっている「子どもの権利条約」が反映されているのです。日本でもやっと、「子どもの人権」が法的に位置づけられました。それは、子どもを一人の人として尊重することが当たり前になることを意味するものです。

近年、虐待や不適切な保育が大きな社会問題にもなっています。この問題は、これまでの「当たり前」の子どもへのかかわりの中には、子どもを一人の人として尊重していなかったのかもしれないという実態があることを意味しているのです。その背景には、子どもは未熟で無能な存在で、大人がコントロールしなければよりよく育たないといった見方があったのかもしれません。しかし、子どもは大人に守られることは必要ですが、自ら育つ力をもっているのです。今こそ、家庭で、園で、学校で、地域で、子どもの人権が大切にされることが当たり前の社会になることが求められています。

point 1 子どもの権利とは

子どもの権利とは、すべての子どもが心身ともに健康に育つために必要とされる権利。子どもの権利条約は、子どもの基本的人権を国際的に保障するために定められた条約です。子どもを権利の主体として位置づけ、子どもは大人と同じように人権をもっていることを示したもの。子どもは成長する過程にあり、年齢に応じた保護や配慮が必要な面もあり、子どもならではの権利も定めています。子どもの最善の利益を第一に考えることが大切です。

point 2 生きる権利

子どもの権利条約の一つの柱が「生きる権利」です。子どもの生命が守られ、健康で人間らしい生活を送ることが保障されます。住む場所や食べ物があり、医療を受けられることです。保育の場においても、事故などから生命を守ることが重要となります。また、近年では日本においても貧困率が高まり、十分な食事が得られていないなどのケースもあります。家庭などとの連携の中で、すべての子どものウェルビーイング（心身ともに健康で幸せな状態）の保障が求められるのです。

point 3 育つ権利

二つ目の柱は、「育つ権利」です。個々の子どもがもって生まれた能力を十分に伸ばして成長できるように、医療や教育、生活への支援を受けたり、友達とあそんだりすることの権利です。「子どもがもって生まれた能力を、十分に伸ばして成長できるように」するための保育が求められます。一人一人の子どもの個性や特性、その子のよさが最大限尊重され、子どもが十分に自己発揮しながら育つ環境、質の高い保育が保障されることとも言えるのです。

point 4 守られる権利（差別の禁止等）

三つ目の柱は、「守られる権利」です。子どもたちは差別や虐待、有害な労働などの搾取から守られる必要があります。人種や国籍、性、障がい、経済状況など、いかなる理由によっても差別されてはいけないということです。「男の子なんだから」などのジェンダー（性差）に対する無自覚な声かけも、保育の場においてよく聞かれることです。また、性的マイノリティなど、性の多様性に対しても、今後、ますます理解が必要となります。

point 5 参加する権利（自分の意見を言う権利等）

四つ目の柱は、「参加する権利」です。子どもは自由に意見を言い、グループを作って活動することができます。中でも、自分の意見を言う権利（意見表明権）はとても重要な権利です。日々の保育の中でも「あなたはどうしたい？」と個人の声（思い）を聞かれ、尊重されることを意味します。また、行事などにおいても、保育者がすべて決めるのではなく、子どもの声が反映された内容になっているかも重要なポイントです。

point 6 表現することの自由の権利

第13条には「子どもは、自由な方法でいろいろな情報や考えを伝える権利、知る権利をもっています」とあります。保育の場で、子どもが自由に表現できる機会が保障されることが大切です。絵をかくにしても、「なぜ、髪の毛を水色でかくの？ 黒でかかなければ」など、その子の自由な表現を認めないような指導を耳にすることがあります。また、絵をかきたくないという子の「やりたくない」という気持ちも、表現として尊重されるべきです。

point 7 虐待や暴力から守られる権利

第19条に暴力などからの保護があります。虐待には身体的な虐待だけではなく、言葉による暴力、いやがらせ、無視などがあります。「しつけ」と不適切なかかわりの違いは、子ども自身が自ら気持ちを切り替えようとすることの援助か、大人が無理に力でコントロールしようとしているかの違いです。園では子どもの体のあざや不自然な態度などがないかなどをチェックし、家庭や地域の相談機関などとの連携を行うことも重要です。

point 8 障がいのある子どもの権利が守られる

第23条には障がいのある子の尊厳、自立、社会参加、教育などのサービスを受ける権利があります。近年、保育の場でも、障がいのある子もない子も差別なく、一緒に暮らしていこうとするソーシャルインクルージョンの流れがあります。障がいの有無を超えて、互いのよさ（多様性）を認め合い、互いの凸凹を助け合う中で、ともに相手への尊厳を抱くような関係や、支え合いながらの自立が生まれることが大切です。

point 9 あそびが保障される権利

第31条には、余暇やあそびが保障される権利があります。あそびは育ちにとって重要なだけでなく、あそぶことそのものが権利でもあるのです。子ども主体のあそびが保育の中心に位置づけられていることは、極めて重要なことです。また、文化芸術活動に参加する権利もあります。自分らしく自由にかいたり、作ったりなどのアート的な機会が十分に保障されること、園外に出て社会の文化的な資源に出あう機会なども、あらためて見直されるべきでしょう。

point 10 不適切なかかわり

保育の場でも不適切なかかわりがあると言われます。「赤ちゃん組に行かせる」「〇〇くんは悪い子です」などの声かけ、容姿をからかうなど。大きな声でしかる、説教を長々と続ける、保育室から出したり、トイレに入れたりするなどのかかわり。強く手を引っ張る、無理に食事を口に入れる、みんなと同じ課題ができるまでやめさせないなど。すべての園で子どもの主体性を尊重する保育が保障され、尊厳を傷つけないかかわりが求められます。

第 1 章

はじめての社会
〜園〜

子どもたちが家庭から出て、はじめて一人で「社会」とつながるのは、園であることが多いでしょう。
子どもが他者とつながっていくために必要なのは、何よりも心が落ち着く環境です。

あそび・活動案／佐伯絵美

写真／東条こども園（兵庫県）

1

安心・信頼できるヒト・モノとの出あい

はじめての「社会」で安心し、信頼できるヒトやモノに囲まれて過ごせれば、それはその子の一生の宝物になっていくでしょう。まずは、子どもたちの不安を受け止めて、新たな一歩を踏み出せるようにするには、どんなことが大切でしょうか。

子どもと保育者

0~5歳児 だっこ大好き

ちょっぴり不安な気持ちも丸ごと受け止め、「そのままのあなたで大丈夫」というメッセージを伝えらえるだっこ。保育者にしっかり受け止められ、安心できることで、はじめて外の世界に目が向き始めます。だっこの仕方を工夫することで、保育者の肩越しに友達や室内外の環境を目にする機会にも。保育者のぬくもりを感じながら、外への興味・関心も生まれます。

0~5歳児 あなたの話、ちゃんと聞いているよ

子どもが「あー」「うー」となん語で話すたびに、目を合わせて同じように言葉を返します。うなずいたり、あいづちを打ったり、笑顔を返したりと、応答的なかかわりを繰り返す日々の中で、子どもは「ちゃんと私の話を聞いてくれているのだな」と安心します。そして、自分がアクションを起こすたびに、何かしらの返事をくれる保育者のことを信頼するだけでなく、もっとおしゃべりをしたい、もっと外の世界に働きかけてみたいという気持ちを抱くことにつながるかもしれません。これは年齢に関係なく、どの子どもにも言えることです。

◎◎保育を考える視点

子どもが見知らぬ外の世界（社会）へと踏み出すためには、「心の安全基地」（安心・安全・信頼）が不可欠です。「心の安全基地」は、3歳未満児だけに必要なのではありません。5歳児だって同じことです。それには、人（保育者、友達など）の環境だけでなく、安心できる時間や空間も大切ですね。（大豆生田）

（0〜2歳児）私がいつもそばにいるよ

例えば新年度が始まる4月、できるだけ同じ保育者と過ごす時間を長くもてる工夫をすることで、子どもとその保育者との関係が作りやすくなります。はじめての園生活は、それまでずっと一緒に過ごしてきた保護者と離れるということ。だからこそ、いつも同じ保育者が受け入れることで、子どもと保護者との間にあるような信頼関係を、園の保育者が築けるようにすることが大切です。「ママと離れるのは辛いけど、園に行けばあの先生がいてくれる」。そんな安心感をもってもらえたらうれしいですね。

（0〜5歳児）いつも同じ流れ

「次はいったい何をするのだろう？」。もしも毎日の生活がこんなふうに続いていたら、きっと大人でも不安やストレスを感じることでしょう。子どもにとっても1日の流れや生活の仕方が「見通せること」はとても大切です。基本的な登園から降園までの流れを固定し（日課）、毎日同じように繰り返すことで、子ども自身が1日の流れを理解し、「集まりが終わったら外あそびだ」「この後はご飯の時間」と、見通しをもって生活できるようになります。安心・安定につながる大切な考え方です。

さらにもう一歩

　一人一人の子どもを人間として見て、声を聞き、気持ちを満たしていくことが大切です。一人一人の子どもたちがあらゆる形で発信しているメッセージを受け止め、それに応答していくことで、その子にとって保育者が、かけがえのない信頼できる大事な存在になっていきます。（三谷）

(0〜2 歳児) 少人数であそぶ

　常にクラス単位で動くのではなく、少人数のグループを作って生活やあそびを行えるようにすることで、一人一人が自分のペースで無理なく行動できます。家庭とは異なる集団生活の中で学ぶこともありますが、特に発達差が大きい0・1・2歳児はそれぞれの生活リズムやペースを尊重しながら生活できるようにすることが安心感にもつながります。

(0〜2 歳児) まねっこあそび

　例えば子どもがおもちゃの太鼓を1回たたいたら、保育者も同じように1回たたきます。次に子どもが2回たたいたら、保育者も同じように2回たたきます。子どもがやることに対して、返事をするようにまねることで、きっと子どもは保育者に対して「私に関心を示しているんだ」と気づくはずです。くり返すうちに、目が合う回数が増え、信頼関係構築のきっかけになるかもしれません。

さらに
もう一歩

　子どもを「あそばせる」のでなく、保育者がともに楽しんだり、見たり、やってみることで、子どもたちの「もっとやってみたい」とか、「〇〇してみたい」といった気持ちが見えてきます。それらに応答していくことが、大好きな保育者とともに自らの世界を広げていく原動力になっていきます。（三谷）

0〜2歳児 ふれあいあそび

「いっぽんばしこちょこちょ」や「うまはとしとし」などのわらべうたには、あそびを通してふれあう機会がたくさんあります。保育者と近い距離感で肌をくっつけ、温もりを感じながらあそぶことで、自然と安心感が得られます。くり返し楽しんでいるうちに歌や動きを覚え、子どもからリクエストされることも出てくるでしょう。

0〜5歳児 好きなあそびを一緒にやろう

ドキドキの新学期。好きなあそびやしてみたいあそびがあっても、一人ではうまくできるかちょっぴり心配です。そんなとき「一緒にやろうよ」と声をかけてくれる保育者の存在は、きっと子どもがはじめの一歩を踏み出す助けになります。自分の好きなことをともに好きと言ってくれる人がいることで、新しいことに挑戦する勇気がもてるだけでなく、自分の世界を広げるきっかけ作りになるかもしれません。

👁👁 保育を考える視点

子どもは、あそびを通して安心感が生まれると、学びの世界を外へと広げていきます。そのためには、あそび込める環境の豊かな選択肢が必要です。単にあそんでいるだけではなく、あそびが「あそび込む」になるとき、さらに協同的になるとき、学びが充実し、世界を大きく広げていくのです。（大豆生田）

友達とのかかわり

0~2 歳児 あそびを通して友達を意識する

　子どもたちのあそびを見ていると、友達への関心や直接的なやり取りがなくても、同じ空間で同じようなあそびをしていることがあります。そんなときは、保育者もあそびの中に参加しましょう。保育者を介して子ども同士が一緒に楽しめるかかわりを意識したり、「○○ちゃんがすてきなごちそうを作っていたよ」と、ほかの子どものあそびの様子を知らせる言葉かけをしたりすることで、同じあそびを楽しんでいる友達への関心が生まれるきっかけになるかもしれません。「子ども同士をかかわらせよう」とするのではなく、まずは友達に興味をもてるような働きかけをすることが重要です。

2~5 歳児 友達の姿をきっかけに参加する

コーナーを低い棚で区切り、友達同士のやり取りが見えることで、刺激を受ける。　　（広島県・広島都市学園大学附属保育園）

　子どもたちは、ときに友達のあそびから刺激を受けて、新たなあそびに挑戦したり、それまでのあそびを発展させたりすることがあります。あそびを通して学びを深める子どもにとって、友達から得る刺激は大切なエッセンスです。そのため、それぞれのコーナーを自由に行き来できる空間作りを心がけたり、子ども自身が考えたり工夫したりしながらあそびを展開できるような、日常的な環境の作り方をすることが大切です。さらに、あそびの中で見えてきた一人一人の工夫などをあえて言葉にして、ほかの子どもが気づけるようにするのもよいでしょう。それぞれの「よさ」を、みんなで共有できる工夫を心がけることが大切です。

◎◎ 保育を考える視点

　あそびが深まったり、広がったりするためには、おもしろそうなあそびを「まねっこしたい」という、憧れのモデルがいることが大切です。まさに「育ち合い」が起こる保育ですね。誰かのおもしろい姿を保育者が拾って子どもたちと共有するなど、情報が見える化されることで響き合いが起こります。（大豆生田）

（2〜5歳児）掲示物も友達への関心やかかわりを広げるきっかけに

積み木で作ったタワーや自然物を使った製作物など、あそびの様子やそこで生まれた作品の写真を、子どもの目の届くところに掲示してみましょう。写真を見ながら友達の好きなことや得意なことを知るだけでなく、「自分も同じようにタワーを作ってみたい」という意欲や、新たなイメージの広がりにつながる可能性もあります。もしかすると、写真を頼りに「○○ちゃん、この車の作り方を教えてくれる？」などというやり取りも生まれるかもしれません。

友達のあそびの様子を掲示することで、友達が楽しんでいることを共有することができる。
（島根県・認定こども園神田保育園）

（3〜5歳児）サークルタイムは友達を知るチャンス

あそびの中で見えてきた子どもの姿をサークルタイム（サークルタイムについては34ページ参照）で紹介することで、子ども同士が互いのことを知るきっかけになることがあります。例えば、「今日○○ちゃんがやっていた積み木での街づくり」について保育者が紹介したり、○○ちゃんに話してもらったりします。そのことがきっかけで、街づくりへの興味がほかの子どもにも広がったり、「僕も明日、仲間に入れてほしい」と、子ども同士のつながりが生まれたりする可能性があります。日常的にこうした機会をもつことで、互いのことに関心をもつだけでなく、友達との関係を広げたり、深めたりすることにつながっていきます。

さらにもう一歩

家庭と集団保育施設で過ごすことの大きな違いの一つは、「友達」がともに生活することです。でも、常にみんな一緒に仲よくしているわけではないでしょう。その子に波長の合う他児や気になる存在がいるはずです。その子の側から仲間関係を捉え直すことで、その子についての理解を深めていくことができます。（三谷）

あそび・モノとの出あい

(0〜2歳児) どんなものがあるのかな？

新たな環境の中で好きなもの、おもしろそうなもの、やってみたいことを見つけるためには、じっくり見たり、ふれたり、試したりできる時間と空間の工夫が大切です。気になるおもちゃを好きなタイミングで手に取り、自分のペースで何度でも楽しむことが、自分らしさを発揮しながら園生活を送ることにつながります。同じ年齢のクラスでも「好きなこと」は一人一人異なります。発達を考慮しながら、多様なおもちゃ・絵本などの環境を構成することが重要です。

一人一人異なる好きなことを探すために、いろいろなコーナーを構成。
（兵庫県・東条こども園）

保育者が丁寧にかかわることも大切。
（島根県・認定こども園神田保育園）

◉◉保育を考える視点

保育室の環境を考える際、まずは年齢や発達、季節などにふさわしいモノがあることが大切です。作ったり、かいたりできる環境、ままごとなど見立ててあそべる環境、積木など構成してあそべる環境など、種類ごとに考えます。それに加えて、個々の子の今の興味・関心が反映された環境であることが大切です。（大豆生田）

(3〜5歳児) 園を探検しよう

「自分のクラスにはどんなおもちゃがあるのかな？」「隣のクラスにはどんな人がいるのかな？」「事務所は？」「調理室は？」「プレイルームは？」など、園内のことを知るために、友達や保育者と一緒に探検ツアーに出かけます。自分たちが生活する場所に、どんなものがあるのか、またどんな人がいるのかを知ることで、安心を得られると同時に、探検で得た情報が、その後のあそびの資源になる可能性も出てきます。探検前に「どんな人がいると思う？」と予想したり、探検後に発見を発表し合ったりする場をもってもよいかもしれません。

(0〜5歳児) いつでも何度でも

各自がやってみたいことを試せる時間が豊富にあることで、それぞれの子どものペースでじっくり試すことができます。はじめてのことには慎重になりがちな子どもも、友達のあそびを観察する時間をもてるので、あそび方を習得し、見通しをもてたタイミングであそびに入っていきやすくなるのです。1日の中にどれだけ子ども自身が選んだあそびを実現できる時間が保障されているか、また明日も明後日も繰り返し試せる環境の工夫があるかどうかがポイントです。

さらにもう一歩

子どもがそれぞれどのように、あそびやモノとかかわっているかに注目してみましょう。同じあそびであそんでいても、楽しんでいることや引きつけられている理由は異なる場合が多いでしょう。そうした子どもの興味・関心を探り、それに合わせて環境を再構成していくことも大事です。（三谷）

安心して過ごせる場作りの工夫

1~5歳児 お気に入りのあそびを新しいクラスでも

　進級したクラスは新しいおもちゃと出あう場でもありますが、あえて前のクラスで楽しんでいたおもちゃも用意するとよいでしょう。少し簡単過ぎるように見えるパズルやゲームでも、慣れ親しんだおもちゃにふれることで安心感が得られ、その安心感を基盤にしながら新たなおもちゃや友達に向かう気持ちが生まれます。そのため前年度の担任と連携をもち、つながりを意識しながら保育環境を考えることが重要です。

0~5歳児 個人の保育ウェブ

　中心に子どもの名前を書き、その周りにその子どもが「よくやっているあそび」「興味をもっていること」などを保育者同士で対話しながら書き込んでいきます。こうした語り合いをすることで、多面的に1人の子どものことを理解することにつながり、出来上がった個人ウェブは個々に合う計画や環境を考える際の助けにもなります。

さらにもう一歩

　〇歳児だから、〇〇な保育環境ではなく、ともに生活する子どもの視点や立場にたって場を構成していくことが大事です。また、動線やあそびの静・動を意識してみることも大切です。子どもにとって心地よく、過ごしやすい場や空間を作っていくことは、保育する保育者にもゆとりを生み出します。（三谷）

0~5歳児 裏切らないおもちゃ

例えば、玉転がしのように、誰がやっても同じように成功するおもちゃを保育室に置いてみましょう。規則正しく音を立てながらスロープを下り、最後には決まってゴールに到着する玉転がしのおもちゃは、決して子どもを裏切ることはありません。このような性質をもったおもちゃがクラスに1つあると、ちょっぴり不安なとき、子どもの心に寄り添ってくれるものになるはずです。

0~5歳児 いつもここが私の場所

集まりの際に座る椅子、食事の席、お昼寝の場所（布団の位置）などを、固定にしてみましょう。何気ない工夫ですが、「いつも同じ」を大切にすることは、「いつも○○ちゃんの隣でご飯を食べるんだ」「あそこに行けば僕の布団がある」などと、見通しのもちやすさや安心につながります。

0~5歳児 落ち着く空間作り

（長野県・あそびの森あきわ）

がらんと広い保育室は大人でも落ち着きません。棚やつい立てを活用して空間を仕切ったり、天がいを使って天井の高さを低く見せたりしながら、落ち着く空間作りの工夫をしてみましょう。特に新年度が始まったばかりの0・1・2歳クラスでは、あえてコンパクトな空間作りをすることで、子どもと保育者との距離が縮まり、落ち着いて過ごすことができます。

👀 保育を考える視点

安心できる環境作りの工夫は、重要な保育の質です。子どもの立場で考えてみることが大切です。毎日、保育室で長時間過ごす子どもたちにとって、何があるとよいか、コーナーをどう作ったらよいか、動線をどう作ったらよいかなど、考えたいことはたくさんありそうですね。（大豆生田）

0〜5歳児 おうちの人の写真を使って

大好きなおうちの人の写真を、保育室の壁にはったり、ファイリングして絵本棚に置いたりしてみましょう。新しい環境の中でも家族を感じられることで安心感を得られ、園生活に向かう気持ちを生み出すことにつながります。ときには、家族の写真を通して子ども同士、子どもと保育者のコミュニケーションが生まれるきっかけになるかもしれません。

👀 保育を考える視点

大好きな人の写真が保育室にあることは、心の安全基地につながります。それが気持ちのよりどころになることだってあるでしょう。写真を指差しながら、保育者やほかの子と気持ちがつながるツールにもなります。あるいは、それが自分の気持ちを他者に表現することにもつながるでしょう。（大豆生田）

🏠 実践園の保育者より 個人の保育ウェブを使った語り合い

当園では、子ども理解を深めることを目的に、個人の保育ウェブを作成しながら語り合いの時間をもつことにしました。保育ウェブの中心に子どもの名前を記入し、その周りに楽しんでいるあそびや興味をもっていること、生活での様子などを書き込んでいきます。そして、それをもとに必要だと思われる環境や計画を考え、さらにウェブ図を広げていきました。

Aちゃんのウェブ作りでは「物作りが好き」「キラキラのパーツが好き」「デコレーションするのが好き」ということが見えてきたので、製作コーナーを用意し、キラキラのパーツや、星形やハート形などのシールなどを素材として加えました。

すると、翌日からAちゃんの姿に変化が起こります。それまではいろいろなコーナーを転々とする姿が多かったAちゃんでしたが、製作コーナーでの物作りに夢中になり始めたのです。Aちゃんの姿に喜びを感じた担任は、必要だと思われる環境を、さらに少しずつ追加していきました。その結果、Aちゃんは園生活をより楽しむようになっただけでなく、あそびを介して友達ともつながるようになっていきました。一人一人の子ども理解を深めることは、子どもが安心して園生活を送るために必要不可欠なプロセスだなと感じました。

（茨城県・にじいろ保育園）

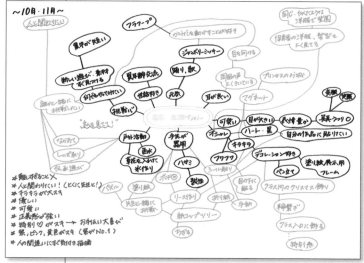

Aちゃんの保育ウェブ。複数の視点から、多面的にAちゃんの姿をとらえている。

その子が「社会」を知ろうと することをともに感じること

三谷大紀
先生

　子どもたちが家庭から出て、はじめて一人で園という「社会」とつながる際、喜びや不安を感じることでしょう。そして、誰だって、そうした喜びをともに喜び、不安があれば取り除き、支えたいと思うでしょう。でも、それが子どもを幼く、未熟な存在として捉え、大人が想定する「望ましい姿」になるように一方的にしてあげたいという願いからのみ生まれる行為だとするならば、保育は味気ないものになってしまいます（表面的に安全に安心に過ごさせるだけならば、AIがやってもいいかもしれない）。

　佐伯[※1]（2017）は、すべての人（生まれたての乳児から、終末期を迎える老人まで）は、誰かをケアしないではいられない存在であり、例え乳児であっても、他者とともによりよく生きようとしていると捉え、保育をただ単に「子どもをケアすること」ではなく、「子どもがケアする世界をケアする」行為であり、私たちが本来もっている人間としての「ケアする心」を取り戻す営みと捉えることを提案しています。

　実際、乳児であっても新たに出あう「社会（園生活、保育者、友達、モノなど）」を、見る、ふれる、動かすなどの行為を通して知ろうとしています。そして、知ることから生まれるさまざまな情感（言葉に表せないような喜び、不安や悲しみ、笑い、怒り、訴えなど）を、その子なりに他者に体全体で発信するとともに、他者の情感を体全体で感じ取り、分かち合おうとしています。しかも、知ろうとする対象や表し方は、人それぞれです。それゆえに、どうお世話するか、どんな言葉かけをするのかの前に、その子が何をどのように見て、何を感じているのか、目の前のその子の側から（その子になるかのようにして）ともに感じ取っていくことが大切なのです。

　こうしたかかわりをレディ[※2]（2015）は、「二人称的アプローチ」と呼んでいます。レディは、その子の世界（その子が対象に対して二人称的にかかわっている姿）は、大人が二人称的なまなざしを向け、かかわり合うことによって見えてくると述べています。でも、それは簡単なことではありません。だからこそ、どうかかわることがよいか（知識としての援助技術や発達段階）だけでなく、自分が保育者としてその子やその子の知ろうとしている世界について、自分自身が「感じた」ことを同僚に見取ってもらい、多様な見方と解釈を創発する大人同士の関係も必要不可欠です。

　こうしたことから、保育という営みは、子どもと「社会」との二人称的なかかわりを、個々の保育者が二人称的にかかわり、感じ取ったことを大人（同僚・保育者と保護者・園と地域の人など）同士が二人称的なかかわりにおいて味わい直し、またそれが個々の保育者の二人称的なかかわりを生み出すきっかけになるというように、二人称的かかわりの三重構造で循環していくことで成り立っていると考えるのです。

※1　佐伯胖（編著）『「子どもがケアする世界」をケアする』ミネルヴァ書房，2017年
※2　ヴァスデヴィ・レディ（著）・佐伯胖（訳）『驚くべき乳幼児の心の世界〜二人称的アプローチから見えてくること』
　　　ミネルヴァ書房，2015年

2 友達同士を
つなぐ保育者

砂場で別々にケーキ作りをしている2人。「Aちゃんも、ケーキを作っているよ」、そんな保育者の声かけからイメージを共有し、互いのあそびのヒントになったり、ときには一緒に1つのケーキ作りに挑戦するかもしれません。さまざまな方法で、子ども同士の思いをつなげていきましょう。

一人一人のよさを
共有する場の工夫

(0~2歳児) **友達の写真絵本**

　クラスの友達が登場する写真絵本を作ってみましょう。プリントした写真をラミネート加工し、リングで留めれば完成です。次々と友達の顔が登場する絵本は、友達と一緒にめくるたびに笑顔が生まれます。「いないいないばぁ」のように楽しめる仕掛けをしたり、「○○ちゃんが、滑り台シュー」と園生活の一場面をそのまま切り取ったストーリーを作ったりするなど、発展的に楽しむことも可能です。

① 写真をラミネート　② 穴をあけて　③ リングで留めて完成！

保育を考える視点

　子どもが今、関心をもっているモノやコト、あるいは自分たちがやっていることの写真が掲示されていたり、作品が飾られていたりすること。それは、やっていたことを自分で振り返ったり、他者から認められることを通して味わい直す機会につながるのです。自尊心や他者への関心の広がりにつながります。（大豆生田）

0~5歳児 子ども紹介ドキュメンテーション

子ども向けに作成するドキュメンテーションです。それぞれが夢中になっているあそびを取り上げて、一人一人の個人ドキュメンテーションを作成します。写真から読み取ることがメインになるので、文字は最小限でかまいません。そうして作られたドキュメンテーションを子どもの目の高さに掲示すると、写真を通して友達のことを知るきっかけとすることができます。

食材をおわんに入れてスプーンを持ちご飯を作っています。そして「あかちゃん！」と言いながらお人形にご飯を食べさせてくれている　　　ちゃん♪「あーん。」と言いながら食べさせてあげたり「おいしい！」とニコニコ！おんぶしたりミルクを飲ませたりとお世話することを喜んでいますよ。

友達が何に興味をもっているか、知るきっかけにもなる子ども紹介ドキュメンテーション。
（島根県・認定こども園神田保育園）

2~5歳児 作品展示コーナーを作ろう

子どもの製作物を飾ることで、ほかの子も「作ってみたい！」という気持ちが盛り上がる。（神奈川県・横浜市太尾保育園）

ブロックで作った乗り物や粘土で作った恐竜、折り紙で丁寧に折られた花やクレヨンでかかれた絵……。日常のあそびの中で子どもが生み出した作品は、ぜひ子どもの目の届くところに展示しましょう。大切に飾られた作品はそれだけで見る人を引きつけ、作り手のよさを伝えるだけでなく、「私もやってみたい」というほかの子どもの創作意欲につながることも。できるだけ手間をかけず、でも、すてきに飾れるように、ちょっとした敷物や台、イーゼルなどを用意しておくとよいでしょう。

さらにもう一歩

保育者が壁面構成などを工夫することによって、ともに生活する子ども同士をつなぐことができます。3歳児以上はもちろん、未満児保育でも、子どもの興味があるものを写真で掲示したり、他児の様子を掲示したりしていくことで、さまざまな対話が生まれるとともに、新たなあそびや探究が生まれます。（三谷）

(2~5歳児) 作品を写真で展示

例えば、積み木のタワー作りに夢中になった際、出来上がった作品の写真を撮って、積み木コーナーに掲示します。その写真を見ながら別の子どもがタワー作りをしたり、写真のタワーよりももっと高いタワー作りに挑戦したりするなど、あそびの刺激が広がります。だれがどのように作ったのかがわかるように、作成過程の写真を添えることもお勧めです。

(3~5歳児) 子どもと作る保育ウェブ

子どもから出た「やってみたいこと」を実現する際、子どもと一緒に保育ウェブを作成しながら相談してみましょう。例えば「水族館ごっこ」をしたいという声が挙がったとき、具体的にどのようなイメージでどのような準備が必要か、口々に話すことをその場でかき出していきます。子ども自身が字や絵をかいてもよいですし、話し合いに加わっている保育者がかいても問題ありません。字や絵で見える化することで、友達の考えにふれる機会になると同時に、自分たちで園生活を作っている実感にもつながります。

保育を考える視点

子どもから出てきた声や姿を書き出してはっておくことは、自分たちの意見が大切に聞かれることを意味します。また、自分たちの考えを振り返ったり、味わい直したり、あるいは次はどうしていこうという新たな展開にもつながるのです。まさに、子どもが、自分たちのあそびや生活を生み出す主体者になっていくことを意味します。（大豆生田）

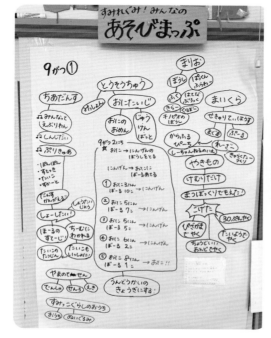

子どもたちの「やってみたいこと」を保育者が書き出した「あそびまっぷ」。　（神奈川県・新大船幼稚園）

(2~5歳児) 友達の顔メモリーカード

クラスのメンバーの顔写真を2枚ずつ用意し、カードゲームを作ります。テーブルにすべて裏返しにして置き、同じ写真を引き当てたらもらうことができます。カードゲームを楽しみながら会話し、自分のことを知ってもらえたり、友達のことを知ったりする機会にもなります。友達の顔メモリーカードでルールを覚えた後は、保育者の顔メモリーカードや、クラスにあるおもちゃの写真メモリーカードなど、発展的に楽しむこともできます。

さらにもう一歩

子どもを日々の保育をともに作っていく存在として認めましょう。子どもに、どうしたいのかや、何をやりたいのかを聞き、それらを可視化したり、共有したりしてみましょう。きっと新たなアイディアが出てきます。子ども自身が、日々のあそびや生活の担い手としての実感や手ごたえをもつとき、新たな探究が生み出されていきます。(三谷)

実践園の保育者より

新しいメンバーの顔写真掲示

新入園児のAちゃん（1歳児）は、新しい環境の中で保護者と離れるときに涙を流す日々が続いていました。そんなある日、いつものように泣いていたAちゃんは、壁にはってあるクラスの子どもたちの顔写真を見つけます。しばらくじーっと見ているAちゃんでしたが、そこにやってきたのは、昨年度からこの園で生活しているBちゃんです。BちゃんはAちゃんと顔写真を見ながら何やら話を始めます。Bちゃんは顔写真の1つを指さすと、保育室内を見回して1人の子どもを指さします。次に、別の顔写真を指さすと、先程と同じように保育室内にいる別の子どもを指さします。まだ登園していない子どもの顔写真を指さした際は「ない」と口にします。まるで、Aちゃんに顔写真を使ってクラスの友達のことを教えているようでした。Bちゃんと一緒に写真の前でおしゃべりしている間に、気づけばAちゃんの涙は止まっていました。壁に掲示した写真は、小さな子どもたちにとっても対話のツールになっているのです。

（島根県・認定こども園神田保育園）

サークルタイムを有効活用

（3~5歳児）サークルタイムとは？

　サークルタイムとは、クラス集団（全員ではない場合もあり得る）などで輪になって対話を行う活動のことです。対話の場ですから、大人が一方的に話す場ではありません。子どもだけで行う場合だってあります。「話型」を強いたり、静かに聞くことを身に着けさせようとしたり、「集団統制の場」でもありません。保育者が子どもの声を聞き、子ども同士が聞き合う対等の場であり、相互受容や相互信頼のベースを築き、協同的な探究や関係を生み出す場です。（三谷）

子どもから出た意見をホワイトボードに書き出す保育者。
（神奈川県・宮前おひさまこども園）

（3~5歳児）一人一人のすてきなところを紹介

　例えば、年下の友達の着替えを手伝う〇〇ちゃんの姿や、ねばり強く積み木のタワー作りにチャレンジする△△ちゃんの姿。日常の中で出あう、こうした「すてきな姿」を、保育者がサークルタイムで紹介します。保育者が見た「〇〇ちゃんのよさ」がほかの子どもたちにも伝わり、きっと子ども同士をつなぐ働きをしてくれるはずです。

◉◉ 保育を考える視点

　サークルタイムのよさは、一人一人の声が聞かれ、それぞれのよさを認め合う場につながることです。そのような学びにつながるためには、保育者が個々の（心の）声を聞きながら、それをいかにほかの子たちとつないでいくかということでもあります。つまり、それが個々の語りが対話になっていくということです。（大豆生田）

(3~5歳児) 作品を紹介する場に

　粘土や空き箱などで作った造形物など、あそびの中で子どもが生み出した作品は、その日のうちにサークルタイムで紹介しましょう。作品を紹介した子どもは友達から認められて自信をもち、友達の作品を見た子どもにとっては、あそびのヒントを得るチャンスにもなります。サークルタイムの後に「ねえねえ、作り方教えて！」などというやり取りが生まれるかもしれません。

(3~5歳児) あそびの中での気づき・発見・アイディアを共有

　あそびの中で生まれた発見や気づき、アイディアなどをサークルタイムで紹介してみましょう。だれか1人の気づきやアイディアをみんなで味わうだけでなく、友達からの意見を重ねることで、より豊かなあそびの展開につながる可能性もあります。はじめは1人で黙々と楽しんでいたあそびが、サークルタイムで共有されたことによって参加メンバーが増え、クラスのブームになることも！

さらに
もう一歩
　出てきた意見を整理してホワイトボードなどに可視化したり、代弁したり、提案するなど、保育者がファシリテーションしていくことも大事です。また、話さない子がいた場合も、無理に話させようとするのではなく、その子の参加のスタンスを許容し、1回の対話の場ですべてを決めてしまわずに継続できるようにしていくことも大事です。（三谷）

異年齢のつながりの中で

3~5歳児 異年齢で広がる社会

　同年齢の人たちだけで形成される社会を、保育や学校の場以外で見ることはあるでしょうか。考えてみれば、奇妙なコミュニティです。また、「みんなで仲よく」することを強い過ぎ、同質性を求め過ぎていることはないでしょうか。そのほうが、大人が管理しやすいからかもしれません。その結果、その集団からはみ出す子を問題視していることはないでしょうか。異年齢でのかかわりにおいてこそ発揮され、見えてくるその子ならではのかかわりやよさがあるはずです。（三谷）

年上の子と一緒に。（東京都・RISSHO KID'S きらり 岡本）

3~5歳児 教えてあげるよ

　新たな異年齢クラスでの生活の仕方は、すべて保育者が説明するのではなく、異年齢で伝え合える場をもつとよいでしょう。朝夕の集まりの時間などを活用し、5歳児に前に立ってもらい、1日の流れやトイレの使い方、食事の仕方、クラスでの約束、おもちゃの使い方など、新しいクラスでの生活・あそびについてレクチャーしてもらう時間をもちます。3〜5歳児が、互いに自分とは異なる年齢の友達のことを知ったり、意識したりする機会にもなります。

3~5歳児 助けようか？

　年齢ごとに空間や時間を完全に分けるのではなく、緩やかにつながりをもてる工夫をすることで、自然に異年齢での交流が生まれます。例えば、意図的に園庭で異年齢が交わる時間を作ったり、異年齢での共有スペースに着替えコーナーを作ったりすることで、新しい環境で戸惑う3歳児に、5歳児が優しく手助けしてくれる、そんな場面が生まれるかもしれません。

さらにもう一歩

　保育者が教えなくても、子ども同士で支え合い、継承している文化などがあります。また、何について詳しい人か、何が得意な人なのかを、子ども同士で把握している場合もあります。年齢別クラス編成で何かが盛り上がっている際、ほかの年齢のクラスで、それについて詳しい人や得意な人を子どもたちに聞き、招くことで関係もあそびも深まっていくかもしれません。（三谷）

3〜5歳児 あそびを通してつながる

あそびの場でも異年齢でつながれる工夫をすると、5歳児が3歳児に教えるだけでなく、3歳児が5歳児にあそびをレクチャーする姿も見られます。年齢を問わず、虫好きが集まれる「観察コーナー」を園内の一角に作ったり、興味をもったことについて他クラスに質問や相談ができる機会をもったりすることで、日常的に異年齢の友達から刺激を受けられるようになります。共通の興味でつながるとき、年齢の差は関係なく、そのことに詳しい人や経験を多くしてきた人が、周りの人に多くの刺激を与えてくれるのです。

◎◎ 保育を考える視点

異年齢が育ち合うということは、単に大きい子が小さい子の世話をする一方的な関係だけではありません。大きい子も小さい子から学んだり、小さい子がいることで安心感を抱いたりすることにもつながるのです。さらに、異年齢保育は年齢ごとに子どもを見る保育ではなく、一人一人の個性に応じて見ることがポイントなのです。（大豆生田）

実践園の保育者より お泊まり保育って何？

当園では毎年4、5歳児がお泊まり保育を行います。そのお泊まり保育が近づいたある日、4歳児の数名から少し不安そうな様子が見られるようになりました。そこで、担任は4歳児の子どもたちとお泊まり保育をテーマに話し合ってみることに。「お泊まり保育って、どんなものだと思う？」、担任の問いかけに子どもから次々と意見が挙がります。「お泊まり保育は買い物する」「自分たちでご飯作る？」「ホットドッグ食べる？」「1人で寝る？」「おうちに帰れない」「パパたちと1回だけいられない」……。楽しみなだけでなく、やはり不安の声も出てきました。そこで昨年度お泊まり保育を経験した5歳児の友達に、お泊まり保育についていろいろと質問をしてみました。すると、「大丈夫だよ」「先生が一緒にいてくれるから平気だよ」「お泊まり保育って楽しいよ！」と、1年前の体験を思い出しながら話してくれました。5歳児との話し合いで少し不安が小さくなった4歳児は、5歳児と一緒に準備を進め、その後、お泊まり保育を楽しむことができました。5歳児の経験が、4歳児に安心を与えた出来事でした。

（島根県・認定こども園神田保育園）

「お泊まり保育ってこういうもの？」と予測しながら話し合う4歳児。

お泊まり保育について教えてもらえないか、4歳児が5歳児に相談中。

子ども同士をつなげる言葉かけ

2~5歳児　「○○ちゃんに聞いてみたら？」

　例えば、ブロックで思うように車が作れず困っている子どもには、「○○ちゃんに聞いてみたら？」とブロックが得意な子どもの名前を出しながら言葉をかけます。保育者がすべて教えてしまうのではなく、そのことにくわしい友達とつなげる言葉をかけることで、子ども同士の関係作りのきっかけになるはずです。

2~5歳児　「困ったなぁ。どうしよう」

　ちょっとしたいざこざやトラブルがあったとき、すぐに保育者が解決するのではなく、あえて「困ったなぁ。どうしよう」と周りの子どもに相談。保育者の言葉を聞いて、きっとほかの子どもたちは、どうしたら問題が解決するか一緒に考えてくれるはずです。子ども同士が意見を出し合いながら、自分たちで問題を解決するきっかけになるかもしれません。ふだんから保育者自身がクラスのメンバーの一員として、子どもと同じ立場でいることを意識することが大切です。

3~5歳児　「一緒に仲間に入れてもらおう」

　自分からは友達の輪の中に入っていくことは難しい、でも、一緒にあそんでみたい……。そんな子どもの背中をそっと押す言葉です。「おもしろそうだね。一緒に仲間に入れてもらおうか」。決してサポートする形ではなく、あくまでも「同じように参加してみたい思いをもった人」として声をかけることで、「一緒にあそびに参加する」という安心感を得られるかもしれません。

さらにもう一歩　保育者は、子どもにとって問題を解決してくれる人ではなく、自分の抱えている問題や悩みに寄り添い、一緒に向かってくれる人でありたいものです。結果として、友達に聞いてみることを提案することもあれば、一緒に話し合いに参加することもあれば、一緒に行ってみようと誘うこともあるでしょう。注目したいのは、その子自身が、その子なりのやり方で、その子なりに心地よい関係をつくれているかどうかです。（三谷）

対話を通した保育
—— 子ども一人一人の声が反映される保育

大豆生田啓友
先生

　個々の尊厳を大切にするには、保育の場における対話が大切になります。サークルタイムもその一つの手段となります。サークルタイムとは、クラス集団などで輪となって対話を行う活動です。その方法は多様で、日本でも集まりの場であそびの紹介を行うなどの方法で、子どもたちが対話と共有の時間をもつなどの実践が行われてきました（大豆生田・豪田，2022）。[※1]

　近年、映画「こどもかいぎ」などが公開されたこともあり、大きく注目されるようになったのです。対話を重視するとは、個々の子どもの声を聞くことが大事にされることでもあります。それは、一人一人の「あなたはどうしたい」が聞かれ、その思いが大切にされることです。最近では、運動会や発表会などの行事においても、サークルタイムでの話し合いにおいて、子どもの意見やアイディアを反映して行う実践が広がってきました（大豆生田，2021）。[※2] それは、子どもが運動会や発表会などの園の文化（社会）の主体的な作り手になるということです。序章でも述べたように、子ども一人一人が民主的コミュニティの担い手であることであり、それは、子どもが市民社会の一員であることを意味します。

　そうした対話は、単に丸くなって集まってなされるだけではありません。日々のあそびや生活すべてが、対話的な関係で成立しているのです。それは、「あなたはどうしたい」が大切にされることであり、声にならない声（つまり心の声）を聞き合おうとする関係性が形成されることを意味します。まさに、多様性への寛容な社会を作っていくのです。

写真／宮前幼稚園（神奈川県）

※1　大豆生田啓友　豪田トモ（著）「子どもが対話する保育『サークルタイム』のすすめ」小学館，2022年
※2　大豆生田啓友（編著）「園行事を「子ども主体」に変える！　11か園のリアルな実践記録」チャイルド本社，2021年

3
家庭との
つながり

子どもの生活は、24時間続いています。家庭と園とでより協同していくことで、子どもの世界はさらに広がり、豊かになっていきます。どんな取り組みがあるのか、見てみましょう。

動画を使って園の日常を紹介

保護者懇談会などで、日常の様子をまとめた動画を紹介。登園時に不安な様子を見せる子どももいる新年度には、日中の子どもの様子を発信することで保護者の安心感にもつながります。登園後の身支度や友達とあそぶ様子、食事や昼寝の場面など、さまざまな場面を紹介することで、保護者は1日の流れや、我が子がどのような表情で過ごしているのかを知ることができます。園の中のことを知ってもらうことは、保護者との信頼関係を作る上でとても重要です。

笑顔の写真を掲示しよう

新年度は特に子どもたちの笑顔の写真を撮影し、保護者が見えるところに掲示するとよいでしょう。例え登園時に不安そうな表情を見せていても、園では安心して過ごすことができていることを保護者に伝えることができます。

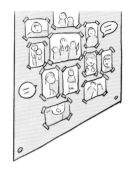

さらに
もう一歩

園での子どもの活動のプロセスや経験が見えることによって、家庭で子どもとの会話のきっかけになったり、休日の外出がそのときの活動や子どもの興味のあることに関連する場所になったりするなど、家庭と園での活動がつながっていきます。その様子をまた園にもち寄り、園内で共有することで、園での新たなあそびや仲間関係が生まれることにつながります。(三谷)

おうちの人作！ 家庭版ドキュメンテーション

　保護者が作る写真付き記録です。家庭でのあそびの様子や、家族とどのような時間を過ごしているかがわかる写真をはってもらい、簡単な記録を作成してもらいます。出来上がった記録はファイリングして子どもたちの手の届くところに置いておくと、園生活の中でも家族を感じて安心感を得たり、友達の家族のことを知るきっかけになったりします。

保護者が作った夏の思い出
ドキュメンテーション。

おうちと園でつながる1日

　子どもの生活リズムは、家庭と園で途切れることなくつながりをもっていると考えることが大切です。そのために、連絡ノートや口頭でのやり取りで受け取った家庭の様子は、園の保育者全員で共有し、考慮しながらその日の生活の流れを考えていくことが必要です。特に0、1、2歳児では家庭での睡眠・食事などの情報をもとに、園での生活・あそびのリズムを組むことで、一人一人の子どもが気持ちよく過ごせることにつながります。

👀 保育を考える視点

　園での子どもの様子が保護者に見えることは、保護者にとっては大きな安心感や園への信頼感につながります。家庭からの様子が園でも共有できることで、保育者のより深い子ども理解につながるのです。園と家庭の密接な連携は、両者ともに子どもへのよりよいかかわりへとつながるというメリットがあります。（大豆生田）

おうちの人の「得意なことアンケート」

年度のはじめ、保護者向けに「得意なこと・好きなことアンケート」をとってみましょう。例えば「趣味はキャンプです」や「お花屋さんで働いています」などの情報が事前に集まっていれば、子どもの興味・関心が盛り上がったときに「そのことに詳しい保護者」に協力を仰ぎやすくなります。多種多様な経験をもっている保護者を保育チームの一員だと捉えると、子どものあそびの幅がどんどん広がっていくかもしれません。

日常を切り取って展示してみよう

散歩先で拾った落ち葉、園庭で見つけた石ころ、夢中になってにぎにぎした粘土の塊、穴が開くまで熱中したペン描画など、作品とまでは呼べないけれど、子どもが面白がった物語が詰まった物が園内にはたくさんあるはずです。それをちょっとしたスペースに大切に展示し、そのときの様子がわかる写真を添えることで、日中、子どもがそのあそびにどれだけ夢中になったのか発信することができます。

子どもが楽しんだ物に写真とあそびの様子を添えて展示。
（島根県・認定こども園神田保育園）

さらに
もう一歩

園での子どもの様子や保育者の思いを可視化していくことによって、保護者の、園の保育や保育者の意図への理解が深まり、そのときどきの活動へ興味をもってもらうことができます。保護者との対話を深めていくツールとして活用し、信頼関係を構築していくことが大事です。（三谷）

保育ウェブを掲示しよう

子どもがおもしろがっていることや、そこからの保育者の予想を書き込んだ保育ウェブには、クラスの中の「興味・関心」や「保育者の専門性」が詰まっています。それを保護者の見えるところに掲示し、関心を示してくれた保護者と対話の時間をもつことで、保護者に子どものことやクラスの関心事を知ってもらうことができます。もしかすると、「先生たちって、こんなに専門的に子どものことを見てくれているんだね」と園に対する信頼が高まるかもしれません。

保護者の保育参加デー

保育の様子を見学する保育参観とは異なり、実際に保育の中に入って子どもとふれあったり、保育者の仕事を体験したりしてもらいます。短い時間の参加でも、園の様子や雰囲気を体感してもらったり、わが子がどのように友達と過ごすのかを見てもらったりすることができます。また保護者と、ほかの子どもとの関係性を育むきっかけにもなるでしょう。

◎◎ 保育を考える視点

保護者の保育参加は、まず子どもの喜びにつながります。保護者にとっては、家庭とは違う社会の中でのわが子の姿を知る機会や、園と家庭の対話や連携につながるのです。また、保護者が園の役割やあそびの大切さを理解する契機になります。だからこそ、保育参加後の保護者との対話の時間の在り方がとても重要なのです。（大豆生田）

園の環境整備に参加してもらおう

園庭改造やDIYなど、子どものための保育環境を見直す際には、ぜひ保護者の力を借りましょう。また、園のイベントにも企画段階から参加してもらうことで、園の方針を理解してもらうチャンスになったり、園の保育をともに創造するチームとしての意識が生まれたりするかもしれません。登降園の時間には見えなかった保護者の意外な一面と出あうきっかけになると同時に、子どもにとっては身近な大人の姿を知る機会にもなるでしょう。

ポスターで「くわしい人」を募集

子どもが興味をもったことに対して、もっと深く知りたいと考えたときには、子どもとともにポスターを作って「くわしい人」を募ります。クラス内に限定せず、全体に向けて発信することで、より多様な保護者の参加を促すことができます。例えば、5歳児クラスの子どもたちが昆虫の標本作りに詳しい人を募集するポスターを作成し、だれもが目にする玄関に掲示しておくことで、ふだんはつながりにくい0歳児の保護者をも保育に巻き込むことを可能にします。

さらに
もう一歩

保護者の数だけ、何かしらの専門家が存在すると言えます。保護者に向けての可視化は、サービスではありません。子どもの育ちを共有し、協働して支えていく関係を作るための手段の一つです。保護者の得意なことを保育に生かす機会を作っていくことで、子どものあそびも深まっていきます。
（三谷）

保護者の仕事場へGO！

クラス内で盛り上がっているあそびや興味・関心に関連する仕事をしている保護者がいる場合、職場の見学をお願いしてみるとよいでしょう。例えば、郵便屋さんごっこに興味をもっている子どもが、本物の郵便局に出かけて質問をさせてもらったり、積み木での家作りに夢中な子どもが、建築現場に出かけて見学させてもらったりと、園では得られない経験をすることで、あそびのイメージを広げることができるかもしれません。もちろん、その職場で働いている保護者に対しても、憧れや尊敬の気持ちが芽生えることにもつながります。

実践園の保育者より

大きな流木を持って帰るには？

散歩に出かけた際、とても立派な流木を発見。「恐竜に見える！」「ベンチになりそう！」、おもしろい形の流木を気に入った子どもたちは、どうにかして園に持ち帰ろうと頑張ります。「みんなで引っ張ってみる？」「先生も一緒に持てば運べる？」、いろいろと作戦を立てますが、大きな流木に打つ手はありません。一度は諦めて園に戻った子どもたちですが、魅力的な流木を諦めきれず、二度目のチャレンジに出かけましたが、やはりダメ……。結局、自分たちの力ではどうにもできず、園長先生に相談することにしました。

園長先生に相談すると、「みんなや先生たちじゃ、力が足りないなら、力持ちのお父さんにお願いしてみようか？」という提案が。早速、保護者の一人にお願いをすると、数日後、仕事用のトラックを使って、流木を園まで運んでくれました。「Aちゃんのお父さんすごい！」「Aちゃんのお父さん、ありがとう！」。子どもたちは大喜びで、園庭の真ん中に置かれた流木でうれししそうにあそび始めました。今では「恐竜」や「ベンチ」「バス」「ままごとのテーブル」など、さまざまな物に見立てられて子どもたちのあそびを支えています。

保護者を保育チームの一員と捉え、保育へ参加しやすい雰囲気を作ることで、保護者とともに保育を創造することが可能になります。　　　　　（島根県・認定こども園神田保育園）

流木を運んでくれた力持ちのお父さんたち。

子どもたちの大切な憩いの場になった園庭の流木。

ひとり親家庭、貧困家庭、外国籍の子、医療的ケア児など、多様性の時代の保育

大豆生田啓友
先生

　大きな社会の変化の中で、家族も多様化し、さまざまな子どもへの手厚い保育が求められる時代です。

　ひとり親家庭も増加しており、それに伴って経済的な課題も大きくなっています。現在、7人に1人が貧困家庭に育つ子どもだと言われています。わが国は、必ずしも豊かな国ではありません。経済格差はさらに広がり、その課題はますます大きくなっていくでしょう。もちろん、ひとり親家庭だから、あるいは貧困家庭だからと言って、単に子どもの育ちにマイナスだと言うわけではありません。しかし、実際には貧困は、子どもの自己肯定感の低下をもたらす可能性があるという調査結果もあるのです。それは裕福な家庭に比べて、さまざまな格差が生まれ、与えられるモノや経験の少なさから、自分は価値がないと捉えてしまうことから起こるのかもしれません。だからこそ、そうした背景を踏まえた保育が求められるのです。

　また、外国籍の子ども、医療的ケア児、特別な支援を要する子どもなど、多様な子どもの保育が当たり前になる時代です。そのためには、保育者は多様な子どもの背景や特性などを理解し、園内外との連携を通して保育を行う専門性が求められます。個別への手厚い対応が求められるという大変さもありますが、その特性や個性を活かすことで、子どもが互いのよさを認め合うような寛容さを学んでいく機会にもなるのです。ある園では、とてもこだわりの強い子どもがいたのですが、発表会の出し物では、その子の好きな電車をメインにした劇をみんなで考えて作ったのです。このような経験を通して、子どもは多様な人がいることを肯定的に受け止め、互いのよさを尊重して支え合うことを体験的に学んでいくのです。これからは、多様な子どもに対して、排除ではなく、すべてを包み込む包摂的（インクルーシブ）な保育が求められており、まさにそれが持続可能な社会に不可欠なのです。

写真／宮前幼稚園（神奈川県）

多様性と出あう

年齢、性別、国籍……。世の中には、自分と異なるさまざまなヒトがいます。
ヒトは知らないことに不安や恐怖心を覚えたり、偏見が生まれたりすると言います。
乳幼児期からさまざまなヒト・モノ・コトとふれあって、互いを知る経験を積んでいきましょう。

あそび・活動案／佐伯絵美

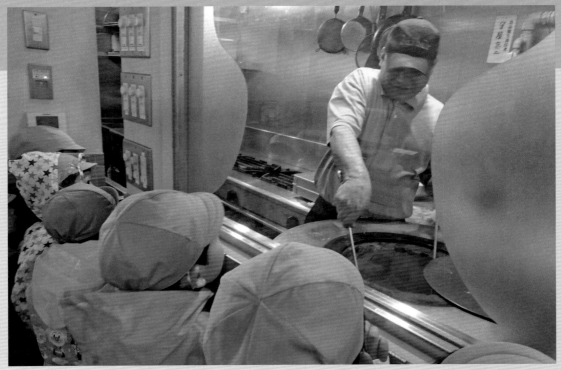

写真／RISSHO KID'S きらり 相模大野（神奈川県）

1
子どもの多様性を支える

子どもの個性は多様です。子ども理解の第一歩は、その子のことをよく知ること。また、子ども同士も互いのことをよく知り、尊重し合えるよう支えることが大切です。

0~5歳児　一人一人の子どもを知る保育ウェブ

　複数名の保育者で、対話をしながら個人の保育ウェブを作成してみましょう（保育ウェブについては26ページを参照）。例えば、A4用紙の中心に○○ちゃんの名前を記入し、その周りに「よくやっているあそび」や「興味を抱いているもの」など、○○ちゃんの様子を記入していきます。そうして○○ちゃんのことを語り合うことで見えてきた「○○ちゃん像」をもとに、保育環境を構成したり、計画を考えたりすることで、○○ちゃんらしさが発揮しやすい日常が生まれるはずです。一人一人異なるよさをもった子どもが、それぞれに尊重されることが重要なのです。

◎◯◎◯ 保育を考える視点

　子どもの興味・関心から、「じゃあ、明日の保育をどうしようか？」と考えるのが保育の基本です。具体的な興味を書き出して、そこからどのように子どものあそびが広がる可能性があるかを書いていくのがウエブ記録（計画）です。保育者同士でおしゃべりしながらメモし、実際にそこにメモしたモノなどの環境を、早速、準備して出してみましょう。（大豆生田）

（0~5歳児）好きなものをあそびに取り入れてみよう

個人の保育ウェブを作成しながら語り合うことで、子どもの姿が見えてきます。例えば、保育ウェブから、その子が「車に興味がありそうだ」ということがわかったら、保育室の中にさまざまな車が載った本やイラスト集を用意してみましょう。その子は夢中になって本を手に取り、知っている車について保育者に話をしてくれるのではないでしょうか。さらに、その絵本に興味をもった別の子どもと一緒に過ごすことも増えるかもしれません。一人一人の「その人らしさ」を大切にすることは、本人だけでなく、周りの子どもにとっても大きな意味をもつのです。

（2~5歳児）なりたいものになり切れるコーナー

警察官やコックさん、アイドル歌手など、憧れの職業や、身につけてみたいファッションを自由に楽しめるコーナーを作ってみましょう。子どもの手に届くところにハンガーラックなどを設置し、子どもの興味に合わせて服などを用意してみるとよいでしょう。男女問わず憧れる人になり切ったり、さまざまなファッションを試したりするあそびを通して、一人一人に異なる「思い」があることを知り、思いを表現することを、自然に認め合うようになっていくかもしれません。ごっこあそびと連動できるように、ままごとコーナーの近くに設置するのもお勧めです。また近くに鏡があるとよいでしょう。

クラスの子どもたちが、思い思いに作った衣装。
（東京都・東一の江こども園）

さらにもう一歩　同じ事象やあそびでも、子どもによって興味・関心をもつポイントやペースは、多様です。それぞれがそれぞれの興味・関心にもとづいてじっくりと向き合えることが大事です。その姿を壁面に掲示したり、サークルタイムの際に共有したりしていくことで、他児のよさや活動への気づきが生まれ、新たな興味や仲間関係の生成へとつながっていきます。（三谷）

（3~5歳児）私の好きなものファイル

きれいな色の折り紙、カナヘビ、プリンセスのドレス、工事現場……。クラスにいる子どもたちは、それぞれ好きなものが異なります。もちろん、保育者も。子どもと一緒に、それぞれの子どもの「好きなもの」を1冊の個人ファイルにファイリングしてみましょう。折り紙で作った作品や塗り絵など、ファイリングできるものはそのまま入れてもよいですし、写真に撮ってファイリングすることも可能です。出来上がったファイルは、世界に1冊の「私の好きなものファイル」。作成過程を通して自分のことを知る機会に、また出来上がったファイルを保育室に置き、紹介し合うことで、友達のことを改めて知る機会にもなるでしょう。

さらにもう一歩

子どもたちの創造的な活動が深まり、広がっていくためには、必要な素材や材料を使いたいときに、自分たちで選んで決められることが大事。また、その材料や素材を自ら加工するための道具も、使いたいときに使えるように分類・整理してみましょう。分類・整理することで、使ったらいつもどこに戻すかなど、使い方のルールも共有しやすくなります。（三谷）

（3~5歳児）自由な表現ができる製作コーナー

子どもが表現したいときにいつでも使える製作コーナーを作ってみましょう。さまざまな素材が用意され、そこから自由に選んで組み合わせることができます。「みんなで○○を作りましょう」「完成形はこんな感じ」のように、「目指すべきゴール」が決まっていると、それぞれの子どもの発想やアイディアが出にくくなってしまいます。だからこそ、このコーナーでは何をどのように組み合わせても、完成がどんな形になっても、すべて子どもに任せます。大人には思いもよらない作品が生み出されるかもしれません。また、他者と異なる自分を表現することにもつながるでしょう。「自由に選べる」が基本ですが、安全面の配慮だけは、それぞれの子どもやクラスの状況に合わせて行うことが必要です。

棚の上には、はさみやすずらんテープなどの道具、棚の中には製作に使えるさまざまな素材が入っている。
（長野県・あそびの森あきわ）

(2~5歳児) 思いのままに作る・かく

　ダイナミックな表現や繊細な表現、イメージを決めてからかく、とにかくペン先から色が出ることを楽しむ……。「作る」「かく」とひと言で言っても、おもしろがり方や方法は、一人一人異なります。それぞれの「おもしろい！」をとことんおもしろがれるように、子どもの思いに任せて表現できる場を作ってみましょう。まずはいつでも作ったり、かいたりできる物的・空間的・時間的な工夫を心がけてみましょう。そして、子どもの表現をそのまま受け入れたり、肯定的な言葉をかけたりしながら、安心して表現できる雰囲気作りをすることも大切です。保育者自身が固定概念に縛られないことも重要です。かく姿や出来上がった作品をじっくり見てみると、その子がおもしろがっている世界をともに感じることができるかもしれません。

(2~5歳児) 同じあそびでも、楽しみ方はいろいろ

　例えば色水あそび。透明の容器に入れてジュース屋さんごっこを楽しむ子もいれば、2色の色水が少しずつ混ざり合うのを楽しむ子、白い紙に色水がにじむ様子に夢中になっている子もいます。1つのあそびに見えても、そこに参加する子どもによって、楽しみ方はさまざまです。それぞれの「楽しんでいるポイント」を理解し、それをさらに楽しめる環境や援助を考えることは、一人一人のよさを尊重しながら保育をすることにもつながります。

◎◎◎ 保育を考える視点

　色水あそびはあそび方がいろいろです。中には、実験のようなことをしている子もいますよ。容器から容器へ、どうしたら上手に移し替えられるか実験をしている子。どの花や葉っぱを入れると、きれいな色になるか実験をしている子。それぞれが何かの実験をしているという見方をしてみると、「子どもってすごい！」と思えてきます。（大豆生田）

（2～5歳児）あそびや行事への多様な参加の仕方

　新しいあそびが盛り上がるとき、積極的に参加する子どももいれば、それとは反対になかなか手を出そうとしない子どももいます。保育者は、「どうやったらみんなが参加できるか」を考えがちですが、「それぞれの参加の仕方」を保障することも大切かもしれません。「まずは友達がやるのを見てみたい」「やり方を十分に理解してからやりたい」という子どもには、その時間をたっぷり保障することが必要ですし、「あまり興味がない」「もっとほかのことに挑戦したい」という子どもには、その子のやりたいことが実現できる別の環境を考えることが必要です。大人が考えた枠の中だけで子どもを評価するのではなく、子どもの「思い」や「性格」に合わせて保育を組み立てることが重要です。

（3～5歳児）個性が発揮できる発表会

　子どもが多様であることを踏まえると、あそびや行事の参加の仕方も多様だと考えることが自然です。1年の成長を伝える発表会では、歌や踊りなどクラスみんなで発表するだけでなく、それぞれの子どもが1年間で夢中になったことや得意になったことなどをもとに発表内容を考えることも可能です。詳しくなった恐竜をテーマにオリジナルの紙芝居を作って発表したり、得意のあやとりを友達と披露したりと、発表内容は子どもが自分の成長を伝えられるものであれば、なんでもOK。ステージでの出来栄えのみにフォーカスするのではなく、それまでの日常の様子や取り組みの中でのドラマを保育者もともに発信することで、より一人一人の「らしさ」が輝く1日になるでしょう。また、その年に見えてきたそれぞれの違ったよさを保護者と一緒に味わう場にもなるかもしれません。

ちょうちょー!!

👀 保育を考える視点

　これからの発表会や運動会などの行事は、子どもの意見やアイディア、そのときのあそびのブームがどれだけ生かされているかがポイントですね。自分（たち）の声が反映されていることで、自尊心や意欲が高まります。個々の子どもたちの貢献を保護者にも伝えましょう。保護者からも大絶賛されるはずです。（大豆生田）

③~⑤ 「その人らしさ」が詰まった作品展
歳児

子どもたちは毎日のあそびの中で、描画や粘土造形、製作など、さまざまな表現活動を行なっています。ブロックなどの玩具や、草花などの自然物を使ったあそびを含めると、日々数え切れない作品が生み出されているのです。そうした作品の中から「その人らしさ」が詰まったものを選び、作品展で展示してみましょう。やりたいことを自由に実現する「あそび」の中で生まれた作品は、一人一人の個性を見る人に伝えてくれることでしょう。どのようなプロセスを経てその作品が生まれたのか、ちょっとした写真や記録を添えることもお勧めです。

「その子らしさ」の詰まった作品展での展示。
（島根県・認定こども園神田保育園）

⓪~⑤ 私の好きな色
歳児

製作の際に用意する画用紙や発表会の衣装などは、男女で色分けをするのではなく、できるだけ多くの種類の中から子どもが自分で好きな色を選べるようにしてみましょう。もしかしたらこれまでの経験から、大人は無意識のうちに子どもに固定概念を押し付けてしまっているかもしれません。だからこそ、あえて意識をし、さまざまな選択肢を用意して子ども自身が自分で選んで手に取れるようにすることが重要です。

好きな色を選んでね

わたしは青にするー

ぼく赤がいい!!

さらにもう一歩

行事はなんのためにあるのでしょうか。保育者同士はもちろんのこと、子どもたちとどんな行事にしたいかを話し合うこともできます。みんなで同じことを、同じようにさせることを強いることになってはいないでしょうか。多様な参加の在り方が保障され、それぞれのよさが認められていく機会としていくことが大切です。（三谷）

（3〜5 歳児）それぞれのすてきなところを見える化して発信

　同じ年齢・学年の子どもでも、好きなものやすてきなところは、当然一人一人異なります。保育者として、それぞれのよさを知ろうとすることが大切なのはもちろんですが、見えてきたよさをほかの子どもや保護者と共有することも大切です。例えば、日々のあそびや生活の中で見えてきた「○○ちゃんの得意なあそび」や「□□ちゃんの考えたアイディア」などを、サークルタイムで紹介したり、写真つきの記録にして掲示したり、クラス便りに書いて発信したり、方法はさまざまです。一人一人異なるよさをもった人であることや、そうした人がともに暮らすことの意味を知るきっかけになるかもしれません。

実践園の保育者より

製作コーナーで物作りの楽しさに出あう

「僕の作品見て！」とCちゃん。

　当園では、子どもがいつでも好きなときに物作りができるようにと、新たに製作コーナーを作りました。廃材や画用紙などの素材、テープやはさみなどの道具を、子どもの手の届くところに用意し、作った作品や続きを取っておける棚も置きました。その結果、製作に夢中になる子どもが増え、子どもならではの発想で作られた作品が次々と生み出されました。

　そんな中、「僕の作品、見せてあげようか？」「ロッカーから持ってきてあげる！」と目をキラキラさせて訪問者に話しかけていたのはCちゃんです。両手にいっぱいの作品を抱えて戻ってきたCちゃんは、作品一つ一つについて自信たっぷりに話してくれました。

　そんなCちゃんですが、実はCちゃんは製作コーナーを作るまでは製作が苦手だったのです。でも今は、毎日いろいろな物を作るようになり、"製作が苦手"だというのは、私たちの思い込みだったのかもしれません。

　自由に表現できる場や時間の工夫があることが、その人らしさを発揮することを支えるのかもしれないとCちゃんに学びました。

（島根県・認定こども園 明星保育園）

窓に子ども一人一人の個性が
光る作品を展示。

(2~5歳児) 保育にもユニバーサルデザインを導入

このハサミ どうかな？

うん 使いやすい！

右利き用だけでなく、左利き用のはさみを用意することが当たり前になっているように、すべての人が生活しやすい道具や環境の配慮を心がけることは、それぞれが安心し、自己発揮しながら生きることにつながります。そのためには、まず一人一人の子ども理解を深め、それぞれが自分らしく生活やあそびに参加できるようにするために、どのようなサポートがあればよいかを考えることが重要です。子どもだけでなく、保護者、地域の人、保育者のことも含めて考えられるとよいでしょう。

(3~5歳児) 点字で書かれた絵本を絵本棚に

　絵本には、点字で書かれたものがたくさんあります。目が見えない子どもがいる・いないにかかわらず、点字絵本を保育室の絵本棚に置いてみましょう。点字絵本を通して、目の見えない人の存在を知るきっかけになったり、ハンディのある人を含めたさまざまな人とともに社会を作ることを考えたりするきっかけになるかもしれません。絵本をきっかけに点字に関心をもった子どもがいれば、園内や近隣の施設などで身近な点字探しをしてみるのもよいでしょう。

『これ、なあに？』
バージニア・A・イエンセン
ドーカス・W・ハラー／作
きくしまいくえ／訳（偕成社）

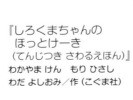

『しろくまちゃんの
　ほっとけーき
　（てんじつき さわるえほん）』
わかやま けん　もり ひさし
わだ よしおみ／作（こぐま社）

さらに
もう一歩

　子どもも、大人も、人は一人一人違っているものです。多様だからこそ、おもしろいし、助け、支え合いながらともに生きていきます。それゆえに、幼児期から社会には多様な人がいることや違いがあることを園生活の中で自然と知り、受け入れていく機会を作っていくことが大事です。（三谷）

（4~5歳児）手話で歌う

子どもが好きな歌に、手話をつけてうたってみましょう。好きな歌であれば、歌詞の意味と手話をリンクさせて楽しむことができるかもしれません。声に出して話をするだけでなく、さまざまなコミュニケーションツールがあることを知ることができます。また手話を楽しむことは、手話を使う人を身近に感じることにもつながるでしょう。

◎◎ 保育を考える視点

よく新沢としひこさんの『ともだちになるために』を手話でうたったりしますね。子どもは言葉だけではない身振りや手振りの表現も好きです。相手を指さしながら歌うところでは、クラスの仲間とのつながりも実感できるよい機会になります。手話の歌は、多様な他者を理解する大切な機会となるでしょう。（大豆生田）

実践園の保育者より パラリンピックから点字への興味へ

オリンピックの後に、パラリンピックが開かれることを知った5歳児クラス。はじめは、さまざまな障がいをもった人たちの頑張る姿に「すごい！」と驚嘆していましたが、徐々に目の見えない人・見えにくい人の困りごとに関心を寄せるようになり、点字の存在を知りました。注意をしてみると、リモコンやアルミ缶など、室内にも点字があります。

調べていくうちに「郵便ポストや自動販売機にも点字がついている」ということがわかり、園外へ点字探しに出かけました。実際にポストや自動販売機を確認しているとき、側溝を見て、「危ないから、ふさいだほうがいいよね」と言う子もいて、視覚障がいのある人の立場になって危険や困り感、解決策を考える姿もありました。点字を見るたびに、「なんて書いてあるんだろう？」と疑問に思っていたときに点字絵本の存在を知り、点字と文字が結びついてきた子どもたち。ある日、家庭に点字器があった子が園に持ってきて、点字器の使い方を実演してくれました。そこから、子どもたちは点字作りに挑戦し出しましたが、点を打つのがなかなか難しいのです。しかし、子どもたちは諦めず、ついに点字新聞が完成！

点字を知る経験を通して、子どもたちはみんなが住みやすい街を考えるようになってSDGsを知り、ごみ拾いや節水など、自分たちができることを心がけています。　（長野県・あそびの森あきわ）

ポストにも点字がはってあることに気づいた。

点字器の使い方を説明してくれる子。

「保育の可視化」は誰に向けて、どんな方法がある？

三谷大紀
先生

「保育の可視化」は、誰に向けて、どんな方法があるのでしょうか。

1つ目は、保護者に向けての可視化があります。子どもの姿を、「ドキュメンテーション」をもとに共有することで、あそびの中にさまざまな学びがあることが見え、園の保育への理解が深まり、家庭での活動との循環が生まれます。つまり、ドキュメンテーションは、子どもの姿を真ん中において、園と保護者の信頼関係を生み出す道具になるのです。そのためには、単に何をしたかではなく、子どもたちがどんな思いでいるのか、何を探究しているのか、何が育っているのかなどを記述していくことが重要です。

2つ目は、子どもへの「可視化」です。現在進行しているさまざまなあそびや子どもの興味・関心を可視化していくことで、子どもの間で対話が起き、相互に影響を与え合い、あそびが深まっていきます。ワールドカップ開催期間中には、出場している国の国旗やトーナメント表、スポーツ新聞などを掲示したワールドカップコーナーを作ったことから、サッカーのフォーメーションを鬼ごっこに活用する姿や、世界地図や国旗への興味をもつなど、さまざまなあそびが広がり、深まっていく園がありました。また、クラスでの話し合いの場面でも、今どんな意見が出ているのか、どこまで決まったのか、誰の意見なのかなどを、イラストなども用いながら可視化していくことが大切です。先に挙げたドキュメンテーションも、子どもたちが自由に手に取れるようにファイリングしたり、子どもの目線の高さに配慮して掲示したりしている園では、子どもたちが見返してあそびに生かす姿が見られます。

3つ目は、保育者同士での「可視化」です。先に挙げたドキュメンテーションや保育室の環境の写真などを、会議や園内研修の資料にすることで、クラスの枠を超えて何が起きているのかを共有しやすくなり、対話が促進され、新たなアイディアが生まれやすくなります。

いずれにしても、子どもの思いや育ち、情報を共有することによって、子ども同士も、子どもと大人も、大人同士にも、対話が生成され、学び合いが深まっていくきっかけになります。

写真／
横浜市太尾保育園
（神奈川県）

2 自分が生きている社会の多様性を知る

社会には、さまざまな人がいます。園の近隣から、子どもの世界を広げていきましょう。社会とつながるには、まず地域を知ることが大切です。

地域に生きる人々の文化を知る

(3~5歳児) 園周辺のマップ活用

園周辺のマップを、保育に取り入れてみましょう。例えば、園を中心とした手作りマップや、お散歩コースが記載された大きなマップを掲示したり、子どもが自由に街並みをかき込めるようなコンパクトサイズのマップ、地域の白地図を用意したりするなど、さまざまな形や方法でマップを活用しましょう。子どもが自分の住んでいる地域に関心をもつきっかけになるかもしれません。

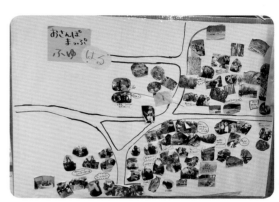

園周辺の地図にお楽しみポイントの写真をはり、子どもたちのつぶやきを書き込んだ手作りマップ。　（長野県・あそびの森あきわ）

(3~5歳児) マップを使っておしゃべりしよう

園舎を含む近隣の地図を手作りし、子どもの目の届くところに掲示してみましょう。きっと「僕のおうち、ここだよ！」「このお店、いつもお母さんと行くの」などと、マップを介して子ども同士の対話が生まれることでしょう。子どものおしゃべりに登場した建物や人物を、マップ上にかき込めるようにしてもよいかもしれません。自分だけでなく、ともに園生活を送る友達の視点で、日々暮らしている地域・社会を新たに発見する機会にもなるでしょう。

◎◎ 保育を考える視点

散歩などでの発見をマップに写真をはってかき出すことで、見える化され、みんなで共有しやすくなり、まちに親しみを感じるとともに、「次にこうしよう」とつながりが生み出されやすくなります。同様に、日ごろの子どもとの話し合いなども、子どもの声をメモして壁面などにはっておくことが効果的です。（大豆生田）

話し合いながら「みんなのすきなおみせやさん」マップを作る子どもたち。（神奈川県・日吉台光幼稚園）

58

(3~5歳児) 年中行事で日本を知る

端午の節句や桃の節句、七夕、お月見など、日本には古来から親しまれている行事があります。行事の由来や込められた願いを子どもたちに伝えることで、改めて自分たちの生きている日本の文化を知るきっかけになるでしょう。「どうしてこいのぼりを飾るのか」「なぜお月見には、お団子を供えるのか」、子どもたちなりに考えたり、絵本や紙芝居を通して知ったりする機会を作ってみましょう。その地域ならではの特徴などがあれば、近隣の資料館やくわしい人に聞きに行ってみるのもよいでしょう。

おりひめさまは…

(3~5歳児) 祭りを通して地域を知る

おみこしや神楽など、地域の祭りには、さまざまな伝統文化にふれるチャンスがあふれています。おみこしの装飾や、かつぐ人々、衣装や音楽など、祭りという一つのトピックの中に、たくさんの「その地域を知る材料」が含まれているのです。おみこしに興味をもった子どもが園でおみこし製作を始めたり、神楽を見た子どもがあそびの中で道具を作って舞を楽しんだりと、祭りから得た興味・関心は、あそびとして再現・展開されるかもしれません。単に恒例行事として祭りに参加するだけでなく、参加した後、子どもたちと何が心に残ったか、振り返りの時間をもってみるとよいでしょう。

さらに
もう一歩

地域には、子どものあそびを支えるさまざまな物的・人的資源があります。子どものあそびや興味・関心にもとづいて散歩ルートを考えることもできます。また、どんな資源があるか、保護者に聞くこともできるでしょう。保育者自身が地域を実際に歩いて、子どもの目線で捉え直すような園内研修をやってみてはどうでしょう。(三谷)

(4~5歳児) 郷土料理クッキング

それぞれの地域には、その土地ならではの食材を活かした伝統料理があります。それらの食材を使って、簡単なクッキングを楽しんでみましょう。食材にふれたり、味わったりする中で、その地域や、人々の暮らしを知ることにつながります。できれば近隣の人を招いて、一緒に調理できるとよいでしょう。調理方法を教えてもらうのはもちろん、その地域のことを話してもらう機会にもなります。

(0~5歳児) 自分の地域で採れる作物を給食に

地域で採れる野菜や米、海産物などを食事としていただくことは、食を通して地域を知ることにもつながります。調理室のスタッフに協力してもらって、特産物について紹介する機会をもったり、地域で農業や漁業にかかわる人々に来園してもらい、直接話を聞く機会をもったりするのもよいでしょう。またそうした取り組みを給食だよりやドキュメンテーションなどで発信することで、保護者にも地域のよさを知ってもらう機会になります。

(実践園の保育者より) 七夕の願いごとを募集

毎年7月に行う七夕の会ですが、この年、園にはたくさんの願いごとが集まりました。子どもたちからの提案で、近くの小中学校や老人施設、駐在所など、さまざまなところに願いごとを募集したのです。各施設に配られた子どもたち手作りの短冊には、「バレーボールのセッターが上手になりますように」「お星さま、腰の痛いの、治してね」「おいしいビールが飲めますように」など、さまざまな世代の願いごとが書かれて戻ってきました。地域の方々から集まった願いごとを、一つ一つ大切に笹に飾る時間は、同じ地域でともに暮らすさまざまな人たちを思い浮かべる時間にもなっています。老人施設から届いた短冊の1枚には「保育園のみんなが元気に」という願いごとが。自分たちのことを大切に思ってくれている人の存在を感じながら、園生活を送ることにもつながりました。

散歩の道中で話をしたり、駐在所に立ち寄って挨拶を交わしたりと、ふだんから地域の方とのつながりを大切にしていたからこそ生まれた子ども発の七夕の会でした。　　　　　（島根県・益田市立匹見保育所）

染め紙の短冊にはたくさんの願いごとが。

多様な世界を知る

(3~5 歳児) 出身国の料理を昼食メニューに

カレーは インドの
お料理なんだよ!

外国出身の子どもや、外国で生まれた保護者をもつ子どもが園にいる場合、その国の代表的な料理を昼食メニューに取り入れてみましょう。日本の家庭では味わえない味付けや見た目の料理は、それだけで異文化を感じることができるでしょう。実際に外国出身の保護者に来園してもらい、料理や国の文化について話してもらってもよいかもしれません。

(3~5 歳児) いろいろな国の言葉で書かれた絵本

絵本コーナーにいろいろな国の言葉で書かれた絵本を置いてみましょう。知っているお話でも、英語や韓国語など、別の国の文字で書かれた絵本は、子どもにとって新鮮です。自分たちとは異なる言語を使う人々を、身近に感じる機会になるでしょう。また、文字そのものへの関心をもつきっかけにもなるかもしれません。

안녕하세요

Bonjour

Hello

さらに
もう一歩

同じ園に集った職員、保護者、子ども、地域の人々。さらには、地域で暮らす違う国の人々。園の中でのそうした人との出あいを大切にしたいものです。得られた発見や気づきを掲示したり、共有したりしていくことで、違いやそれぞれのよさを認め合う関係が育まれ、また新たな探究も生まれます。（三谷）

（3~5歳児）世界地図あれこれ

世界にはいろいろな世界地図があります。アメリカが中心になっているものや、南北が逆さになっているものなど、使用する人によって世界の見え方が異なることがわかります。子どもたちが外国に関心を示したときには、こうしたさまざまな地図を掲示してみるとよいでしょう。異文化にふれるだけでなく、自分たちとは異なる見方があることを、自然に知ることができるかもしれません。

（3~5歳児）世界の記事・雑誌を活用！

スポーツ、ファッション、建築やアートなど、世界には魅力的なものがあふれています。それらの情報が載った新聞記事や雑誌の多くは大人向けに作られていますが、興味さえあれば、子どもにとっても夢中になれる情報源です。例えば、布を巻き付けておしゃれごっこを楽しむ子どもたちに向けて、ファッションショーの記事を掲示したり、家作りが盛り上がっている積み木コーナーに、世界の建築物が紹介された記事を掲示したりすることで、イメージが広がり、あそびがさらに展開する可能性もあります。「子ども向け」「大人向け」と決め付けず、保育者自身が広い視野をもって保育を考えることが重要です。

このクラスでは、ワールドカップを機会にサッカーがブームになった。大人向けの新聞記事を見る子ども。
（神奈川県・横浜市太尾保育園）

◎◎保育を考える視点

保育室には、子ども向けの絵本や図鑑などだけではなく、子どものそのときの興味・関心に合わせて、大人の文化、ファッション、アート、スポーツ、グルメ、旅行、歴史、サイエンスなどの雑誌が置かれることがあってもいいですよね。そこから大きく刺激されて、大人の発想を超えたあそびや表現が生まれてくることも期待できます。（大豆生田）

（3~5歳児）外国の祭り

クリスマスやハロウィーンなどの外国の祭りは、近年日本でも身近に感じられるようになってきました。祭りにはその国の歴史や地域の特徴が反映されていることが多く、祭りを通してその国や地域の文化にふれることができます。子どもが外国に興味をもった際には、その国の祭りについて調べてみるのもお勧めです。音楽や衣装、踊りや特別な食べ物など、写真や図鑑を用意することで、ワクワクが広がっていきます。衣装作りができるような素材を用意したり、実際に使われる音楽をかけてみたりと、ちょっとした環境の工夫をすることで祭りを再現するあそびが広がるかもしれません。

（3~5歳児）興味のある国のガイドブック・写真集を置いてみよう

ふだん、保育室にはあまり置かれることのない外国のガイドブックや写真集ですが、子どもの興味に合わせて用意すると、夢中になって手に取ります。文字を読むことができなくても、ガイドブックに紹介された写真や地図を通して、その国のことを知ることができるのです。例えば家族で海外旅行に出かけた子どもがいた際や、外国出身の子どもがいる際などに、その国に関連するものを用意することで、改めて友達のことを知る機会にもなるでしょう。

さらにもう一歩　子どもたちが、違う国やそこに暮らす人々の生活に興味・関心をもったときは、新たな素材の準備や環境構成の工夫を行いましょう。その際には、子どもたちがどんなことを楽しみ、さらなる興味・関心が生まれてきそうかを保育者同士で予想し、思いつく限り挙げてみましょう。いろいろな可能性を予想するからこそ、予想し得なかった子どもの姿と出あったときに、驚きとともに、その子の発想を一緒に楽しむことができると思います。（三谷）

第2章　多様性と出あう

2　自分が生きている社会の多様性を知る

(1~5歳児) 肌・目の色の違う人形

　お世話あそびの人形として、肌や目、髪の毛の色の異なる人形を用意してみましょう。日常のあそびを通して、世界にはさまざまな人種の人が自分たちと同じように生きているということを知ることができるはずです。ままごとコーナーの一角などにベッドやかごを用意し、一体ずつ丁寧に置くのがお勧めです。

 保育を考える視点

　人形を丁寧に扱うことはとても大切。それは、他者に対する尊重に通じます。ですから、片付けの際もベッドに丁寧に戻すなどの配慮も必要です。欧米などでは、肌の色の違う人形を置いておくことが一般的です。人種や多様な文化をもつ人に対して、乳幼児のうちから尊重することを学ぶからです。（大豆生田）

(実践園の保育者より) ALTを保育園に招待

子どもたちに絵本を読んでくれるALTのRさん。

　山あいにあるこの地域では、外国の方と出あうこと自体がまれです。外国の人や文化にも親しんでほしいと考えた保育者は、近隣の学校で働くALT（外国語指導助手）でアメリカ出身でアラブ系のRさんを園に招待することにしました。はじめは緊張気味だった子どもたちですが、一緒にゲームを楽しむうちにすっかり仲よしに。その後、子どもたちからの「外国の言葉を聞いてみたい」というリクエストに応え、Rさんに母国語で話をしてもらうことになりました。Rさんの母国語に、子どもたちはうっとりした表情に……。「きれい」「歌っているみたい」という子どもたちの感想を聞き、言葉の意味が伝わらなくとも、外国の言語にふれるだけで異文化を知る体験になっていると感じた出来事でした。

　また、子どもから「Rさんの名前は、どうやって書くの？」という質問を受けて、紙に外国の文字で名前を書いてもらうことにしました。「うわ、かっこいい」「サインみたい」と興味津々の子どもたちの様子を受け、Rさんは子ども一人一人の名前もアルファベットで書き始めました。外国の文字で書かれた自分の名前を宝物のように見せ合い、大切に持ち帰る子どもたちの姿がありました。こうした子どもとRさんのやり取りは、これからも継続的に続けていくつもりです。

　特別なイベントではなく、日常的なやり取りの中で「互いのことを知りたいと思うこと」が異文化交流のスタートなのかもしれないと感じました。

（島根県・梅賀山保育園）

男の子はブルー、女の子はピンクでいいの？
—— ジェンダーの話

大豆生田啓友
先生

　男女差別がないようにとよく言われます。しかし、保育の中でも、さまざまな場面で男女を差別するような言動に出あいます。具体的には「男の子なんだから泣かない」とか、「女の子なんだからおしとやかに」などの言葉です。また、特に差別はしていないのかもしれませんが、「男の子はブルー、女の子はピンク」などと、帽子やスモックの色を分けて与えるというように、あえて男女の違いをラベル付けするようなことも見られます。

　その子の個性によって、性格や好みなどの違いがあります。あそびや色の好みも、個人によって多様です。人形あそびも、女の子のあそびだと大人や周囲からの価値付けがなされなければ、男の子も好んで行っている保育場面にたくさん出あいます。ただ、乳幼児期の早い段階から家庭など周囲の人の言動の環境の影響を受け、知らず知らずのうちに「お父さんは強い」「お母さんは優しい」などの「社会的・文化的に形成された性別（ジェンダー）」による固定的な概念が植え付けられることも少なくありません。なお、日本のジェンダーギャップ（男女格差）指数は146か国中116位（2022年）で、その意識の低さが指摘されているのです。

　日本国憲法でも性別による差別は許されないとされています。また、「保育所保育指針」（平成29年3月告示）の第2章「4　保育の実施に関して留意すべき事項」（1）には「カ　子どもの性差や個人差にも留意しつつ、性別などによる固定的な意識を植え付けることがないようにすること」とあります。さらに、「保育所保育指針解説」には「子どもが将来、性や個人差などにより人を差別したり、偏見をもったりすることがないよう、人権に配慮した保育を心がけ、保育士等自らが自己の価値観や言動を省察していくことが必要」とも記されています。つまり、保育者の意識が重要になるのです。

写真／ RISSHO KID'Sきらり 玉川（東京都）

3

違う文化のある施設との出あい

地域には、ほかの園からはじまって、小学校、中学校、老人施設など、人々がつどうさまざまな施設があります。日常的なつながりを意識することで、新たなお付き合いや活動が生まれるかもしれません。

0～5歳児 園庭越しに老人施設の人と挨拶を交わす

特別な日に老人施設に出かけて歌や踊りを披露するのではなく、日常的なつながりを大切にしたかかわり方を意識してみましょう。近隣の方と挨拶を交わすのと同じように、園庭から老人施設の人々に手を振ったり、散歩がてら老人施設の中庭などにお邪魔してみたりするのはどうでしょうか？　特別な準備が必要のないかかわりだからこそ、継続的につながることができ、名前を呼び合う関係性が生まれることもあります。事前に施設のスタッフと打ち合わせを行い、交流の在り方や趣旨を共有しておくことで、スムーズな交流につながります。

さらにもう一歩
子どもの園生活やあそびに地域資源を活かすだけでなく、園として地域に何ができるのかを考えることも大切です。子どもや保護者、そして保育者も地域の一員です。子どもを真ん中にして、地域や異世代とつながる活動として、どんなことをやってみたいか、できそうか、まずは保育者同士で地図を広げて語り合ってみてはどうでしょう。（三谷）

(3~5歳児) 園の花壇に地域の人を招待

　地域の人々にも見てもらえる場所に、子どもたちと一緒に花壇を作ってみましょう。どんな花を植えたらよいか？　見てもらう人に喜んでもらえる工夫はないか？　子どもたちと一緒に話し合い、子どもとともに花壇作りを進めます。完成した花壇はそれだけで道行く人の目を楽しませますが、例えば近隣の学校や老人施設などに子どもたち手作りの招待状を届けたり、看板を設置したりすることで「地域の人とつながりたい思い」を発信してもよいでしょう。花壇作りのプロセスでは、地域の園芸屋さんやガーデニングに詳しい人とのつながりも生まれるかもしれません。

(3~5歳児) 手紙を出してみよう

　近隣の学校やほかの保育施設、老人施設など、交流のある施設の人と手紙のやり取りをしてみましょう。文字が書けなくても、はがきに絵をかいたり、折り紙を折って封筒に入れたりと、あそびの延長で手紙作りを楽しむとよいでしょう。園生活の写真を使ってコラージュしたり、散歩で見つけた落ち葉や貝殻などを入れたりすることで、自分たちの日常を知ってもらう機会にもなります。手紙をかく時間は、地域の人の顔を思い浮かべる時間にもなるかもしれませんね。

👀 保育を考える視点

　高齢者など地域の人とのつながりは、イベント化しないことがポイント。〇〇さん、△△ちゃんと、固有名詞で呼び合うような関係ができることが親しみへとつながります。親しみがあるから、子どもが高齢者を、高齢者が子どもを、相互に大切にしたいと思うのです。お手紙を書く際も、その親しみの思いがあふれたものになるでしょう。（大豆生田）

（3~5歳児）小学校の図書室を利用させてもらおう

近隣の小学校との日常的なつながりを考えてみましょう。例えば小学校の図書館は、園の子どもたちにとっても魅力的な場所です。休み時間など、学校の授業に支障がないタイミングで利用させてもらうことで、本を通して学校という場を知る機会になるでしょう。また図書室の司書や図書室を利用する小学生との交流を通して、就学を楽しみにする気持ちが芽生える可能性もあります。図書室のほかにも校庭や体育館などを、時間帯によって交流の場として活用している学校もあります。まずは近隣の小学校に相談してみましょう。

（5歳児）小学校見学・小学校ごっこ

小学校見学では学校の中を探検したり、小学生とあそんだりと、さまざまなお楽しみ企画が用意されています。子どもたちにとって円滑な就学につなげるための大切な取り組みですが、「その日」だけで終わらせず、「その後」につなげる工夫もしてみましょう。子どもたちと小学校見学のどんなところが楽しかったかを振り返る時間をもったり、小学校見学の際の写真を保育室に掲示したりすることで、園生活の中で小学校への憧れや興味を膨らませることができます。もしかしたら、ノートやテキストのようなものをあそびの材料として用意することで、小学校ごっこを楽しむ子どもたちも登場するかもしれません。

👀保育を考える視点

小学生との交流などで大切なのは、学校へ行くことへのワクワク感、大きくなることへの憧れにつながることです。小学校に行って、小学生に出あって感じたワクワクを、園に戻って再現するようなあそびがあることも大切ですね。どのような交流内容がワクワクにつながるか、小学校の先生との対話が肝になります。（大豆生田）

（3~5歳児）小中学生のマラソン大会の応援に

近隣の小中学校ではマラソン大会など、地域を使って開催されるイベントがあります。そうしたイベントに積極的に出かけてみましょう。自分たちよりも大きいお兄さん・お姉さんが頑張る姿を見ることで、自分自身も大きくなることへの憧れが生まれたり、就学への期待が膨らんだりするかもしれません。マラソン大会のコースに立って声援を送るだけでも楽しめますが、事前にどのような応援をしたいか子どもと相談したり、応援に使う道具をあそびの中で作ったりすることで、自分たちも地域の一員として参加していることを実感できるかもしれません。近隣の学校と、日ごろから連携をとっておくことが大切です。

（3~5歳児）体育祭・文化祭に出かけてみよう

近隣の小中学校の体育祭や文化祭に出かけてみましょう。小学生が授業の中で作った作品展示を見たり、中学生が自分たちで考えたダンスを見たりすることは、就学に向けての期待を膨らませるだけでなく、ワクワクする刺激となって子どものあそびを豊かにすることにつながります。見学した後、それぞれ何がおもしろかったのか、振り返る時間をもつことがお勧めです。振り返りをもとに必要な環境を用意することで、体育祭ごっこ、文化祭ごっこなどのあそびが盛り上がるかもしれません。近隣の小中学校と連携して、子どもたちが参加できそうな年間行事を教えてもらっておくとよいでしょう。

さらにもう一歩

他施設とのつながりがその日限りの「イベント」で終わってはもったいないです。出かけた後が大事です。いろいろな発見や新たにやってみたことが、個々の子どもの中にあるはずです。出かけた様子を掲示したり、内容を共有したり、環境構成を工夫していくことで、園内での活動がさらに深まり、広がっていくでしょう。（三谷）

お兄さん、お姉さんのソーラン節に見入る子どもたち。（神奈川県・ゆうゆうのもり幼保園）

「自分たちもやってみたい」と衣装作りに取り組む。

お兄さんたちみたいにかっこよく決めたい！

69

(3~5歳児) 中学校、高校、大学などの生徒とふれあう

　小学校との連携だけでなく、中学校、高校、大学など、さまざまな学校の生徒と日常的につながる工夫も大切です。日常的に挨拶を交わしたり、校庭での授業を散歩がてら見学したりすることで、自分の住む地域には、さまざまな人が暮らしていることが理解できるでしょう。日常的なコミュニケーションをもつことで、さらに一歩踏み込んだかかわりをもつことも期待できます。野菜作りや生き物の飼育など、子どもたちが興味をもっていることに関連した、専門的な学習を行っている学校と連携することで、興味の深まりが期待できるかもしれません。

(3~5歳児) 近隣の学校と興味を通してつながってみよう

　地域にはさまざまな専門的な学びを提供する学校があります。そうした学校を保育環境の一つと考えることで、より子どもたちの興味・関心を深めることも可能になります。例えば、ロボット作りをする中でイメージ通りに行かない際に、物作りを学ぶ学校に質問に出かけたり、野菜栽培について農業大学にレクチャーをしてもらいに行ったりと、興味を通して専門的な学校とつながることで、子どもたちの知識や経験の幅はぐんと広がります。こうした交流は、興味を深めるだけでなく、身近な人への尊敬や憧れの気持ちにもつながるでしょう。出かける際には、事前に聞きたいことを話し合い、目的意識を明確にしておくことが大切です。

さらに
もう一歩

　園を開いて地域の人々とつながることで、新たな地域文化を作っていくことができます。その際、大事なことは、「こんなことをやってみたい」「やったらおもしろそう」といった気持ちです。職員間はもちろん、保護者からもどんなことをやったらおもしろそうか、提案を募ってみてもいいかもしれません。（三谷）

(3~5歳児) 実習生や職場体験を受け入れる

　園での実習や職場体験は、参加する学生にとって大切な学びの場です。しかし、少し視点を変えると、園の子どもたちにとっても大切な学びの場になるのです。中高生や保育者養成校の学生とふれあうだけでなく、ふだんの学校の様子や授業の内容について話をしてもらう機会をもつことで、園以外の世界を知ることにつながります。

実践園の保育者より　一人暮らしのお年寄りとのふれあい

　当園では、ふだんから地域とのつながりを大切にしながら保育を進めています。そのため、近隣で暮らす人はもちろん、行政の人とも日常的に対話をもちながら、「地域のみんなが笑顔になれることはないか？」と考えています。その一つが、一人暮らしのお年寄りのお宅訪問をかねた散歩です。

　この活動は園でチラシを作成するところから始まりました。「○月○日○時ごろ、○○地区に散歩に出かけます。よかったらお話ししませんか？」と書かれたチラシが、地域コーディネーターの手によって家庭に配布されました。そして当日、その地区を歩きながら、子どもたちと1軒1軒ご挨拶に伺います。ご挨拶に伺うといっても特別なことをするわけではなく、おばあさんのお話を聞いたり、子どもが園のことを話したりと、何気ない時間をともに過ごします。そんな自然なかかわりの中で、互いの存在を知ったり、さまざまな世代の人がつながり合ったりすることを大切にしています。お年寄りが子どもの笑顔にふれて喜ばれるだけでなく、園の子どもたちも地域の人に愛されている実感を得られる機会となっています。

（島根県・益田市立匹見保育所）

手土産を持ってお宅を訪問。笑顔で挨拶を交わします。

お散歩、どこへ、
なんのために、行きますか？

三谷大紀
先生

　どのくらいの頻度で、どこへ、なんのためにお散歩に出かけていますか？　お散歩を、子どもの興味・関心や園内でのあそびと連動させると、保育がよりおもしろくなるかもしれません。

　ある幼稚園の4歳児クラスでは、お店屋さんごっこが盛り上がり、近所の商店街へカメラ片手に取材に出かけました。撮ってきた写真を園で印刷し、それを参考に、廃材などでお店の運営に必要な物を作っていました。その過程でわからないことが出てきたとき、商店街の店に行って聞いてみたいという声が挙がります。そこで、代表者数人で聞きにいくことになり、その結果を仲間に報告し、自分たちのあそびに取り入れていく姿が見られました。

　また、ある保育園では、いつもよく出かける公園に行った際、一人の男の子が捕まえた虫の家作りを始めました。固定遊具であそんでいた子どもも仲間に入り、小さな枝を拾い集めて囲いを作り、家を作っていきました。保育者は、その様子を写真に撮り、保育室内に掲示しました。それがきっかけとなり、園庭でも小枝を集めての秘密基地作りが始まりました。しかし、園内には材料となる枝があまりなく、お散歩に行くたびに枝を拾っては集めてくるようになったのです。やがて「今日は枝を集めたいから、〇〇公園に行くことにしよう」などと、行き先についても子どもたちと話し合って決めるようになっていきました。

　いずれの実践も、子どもの興味・関心やつぶやきを大切にし、自然物や場所を自分たちの保育資源として生かしているのです。子どものあそびは、園内だけで完結させる必要はありません。むしろ、園外の本物の世界と出あうことによって、より深まっていくと考えます。園外のさまざまなモノやヒトとの出あいを子どもたちと楽しむとき、子どもの興味・関心がより見えてくるでしょう。さあ、子どもの興味・関心をもとにお散歩に出かけてみませんか？お土産を持ち帰り、保育に生かしてみましょう。

写真／RISSHO KID'Sきらり 岡本（東京都）

第3章

地域社会に生きる

社会とのつながりを考えたとき、公園や散歩での出あいなどで、
地域の人々と交流することは、大切なことです。
そこから思いもかけない出あいがあったり、保育活動が始まったりすることがあるかもしれません。
地域でのかかわり合いを大事にしましょう。

あそび・活動案／佐伯絵美

写真／宮前幼稚園（神奈川県）

1
散歩・近隣を探索する

散歩に出て、ただ行った場所であそんで帰ってくるより、毎回目的をもって出かけると、子どもたちの学びがより深くなるでしょう。

テーマのある散歩

園外では、草花にふれたり、虫探しをしたりと、さまざまな自然にふれあえますが、自然以外にも、さまざまな「おもしろいもの」があふれています。一見大人だけが利用するように感じられる、商店街や駅、郵便局なども、子どもの興味とつながりさえすれば、豊かな保育環境の一つとなり得るのです。日常のあそびの中で子どもが楽しんでいることや夢中になっていることに対して、園内だけで環境を考えるのではなく、地域全体に目を向けることで、子どもの経験の幅はぐっと広がる可能性があります。

●例えば…… 郵便局に行ってみる

園内で郵便ごっこが盛り上がり、手紙を書くことを楽しんだり、空き箱でポストを作って手紙の交換を楽しんだりすることがあります。園内でも十分楽しむことはできますが、もしかすると「もっと本物みたいなポストが作りたい」という思いや、「ポストに入れた手紙はその後どうなるんだろう？」と、疑問を抱く子もいるかもしれません。そんなときは、実際に郵便局に出かけてみるのがお勧めです。本物のポストを見ることで、リアルさにこだわったポスト作りが始まったり、実際に働く人を見ることで郵便局の仕事内容や服装にも興味がわいたりするかもしれません。ただし、子どもが郵便局のどこに心を動かされるかはわかりません。その後の展開を大人が決め過ぎていると、子どものおもしろがっているポイントをキャッチできない可能性もあるので注意が必要です。

◎◎✓ 保育を考える視点

これからの保育は、園の中で完結させず、いかに「まち」の資源を活用するかが鍵です。「まち」には、あそびや学びを豊かに広げる材料があふれるほどあります。郵便局も魅力的な場所で、活用しないのはもったいない。インターネットの時代だからこそ、手紙を通して遠方の人とつながる資源として活用したいですね。（大豆生田）

●例えば…… 匂い探し

　乗り物やお店など、目に見えるものにスポットを当てがちですが、目に見えないものも、子どもにとってはワクワクの対象になることがあります。例えば「匂い」。「どんな匂いがあると思う？」「どこでよい匂いがすると思う？」と語り合いながら、匂いにアンテナを立てて出かけることで、パン屋さんの匂いやレストランの匂い、美容室の匂いや花屋さんの匂いなど、さまざまな街の匂いに気づけるでしょう。「匂い」を通して街を知る、新たな発見もあるはずです。

●例えば…… 音探しで街探検

　いつもの散歩道、耳をすましてみてください。小鳥のさえずりや、木々が風で揺れる音、川が流れる音や、学校のチャイムの音、近くの工事現場の音や、遠くで鳴る踏切の音……。地域によって、いろいろな音が聞こえてくるはずです。いつもはあまり注目しているわけではない「音」ですが、ちょっと意識を向けるだけで気づきや発見があるかもしれません。もしかしたら、「あの音はなんの音だろう？」と、音探しの街探検が始まるかもしれません。

さらに
もう一歩

　行く先々での子どもが興味をもった物を写真に撮り、壁面に飾ってみましょう。子どもの「つぶやき」や気づきを、文字で添えてもいいかもしれません。それらを参照しながら、子どもはあそびを発展させるとともに、「次はこれを確かめるために、ここに行こう」と、新たな目的をもった行先やルートが生まれるかもしれません。（三谷）

鳥が
いるよ！

（3〜5歳児）おもしろいもの探し散歩

　カメラやタブレットを持って、街に出かけてみましょう。子どもが見つけた「おもしろいもの」「気になるもの」「かっこいいもの」など、散歩中の発見をどんどんカメラで記録していきます。いつも何気なく歩いている道や街の中が、実はおもしろいものであふれていることが見えてきます。園に帰った後、撮った写真を紹介し合いながら、それぞれの発見を共有する時間をもつことで、「これって、なんだろうね？」と疑問が生まれたり、「もっと見つけに行きたい！」と、さらなる「おもしろいもの探し散歩」につながったりするかもしれません。

　安全面に配慮しながら子ども自身が写真を撮れるようにしたり、撮った写真のデータを振り返り用に準備したりと、できるだけ子どもの手で進められるようにするとよいでしょう。

（3〜5歳児）マンホールっておもしろい

ひまわりぐみが
みつけた
マンホール

　公園や広場など「目的の場所」を目指すことに重きを置きがちな散歩ですが、実は子どもは道中の発見も楽しんでいます。例えばマンホール。大人は気にも留めないマンホールですが、子どもにとってはワクワクや不思議の詰まった対象物になることがあります。よく見ると、マンホールのふたの模様は、地域や場所によってさまざまです。いつもの散歩コースを少し変更し、「マンホール探し散歩」をするのもおもしろいでしょう。違った模様のマンホールのふたを、写真に撮ってコレクションすれば、園に帰った後も楽しめます。中には「マンホールの下には何があるんだろう？」という疑問を抱く子どもも出てきて、想像を膨らませたり、実際に調べたりしながら探究が広がっていくかもしれません。

さらに
もう一歩

　散歩での発見や気づきから広がるあそびや活動もあります。撮ってきた写真から、図鑑作りや絵本作りが始まるかもしれません。未満児であっても、形や色への興味から、似たようなものを探すあそびが始まるかもしれません。また、プロジェクターを使って撮影した写真を鑑賞することで、新たな気づきや活動が生まれそうです。（三谷）

(3~5歳児) スタンプラリー散歩

子どもたちよりも長く地域に生きている保護者に参加してもらいましょう。特徴的な建物やお店、植物園など、「この街のここがおもしろい！」を募集し、それらを反映させたマップを作ります。イラストや写真を使って、子どもにわかりやすい工夫をするとよいでしょう。マップが完成したら、いざスタンプラリー散歩に出発！　街の中を歩きながら、目標物を発見したら、マップにスタンプを押していきます。いつもと同じ道でも、きっと「宝探し」のようなワクワクした散歩になるでしょう。マップがあることで、街に意識を向けながら歩くこともできます。改めて、自分たちの住む地域のよさに気づくきっかけになるかもしれません。

(3~5歳児) お散歩マップ作り

園には、いくつかのお散歩コースがあると思います。そのコースを、手がきの地図にしてみましょう。散歩中に子どもたちが発見したおもしろいものを、帰園後に振り返りながら地図にかき込んでいきます。近隣の庭に咲く花や、川で発見した生き物、ショベルカーや、いつも挨拶してくれる商店の人など、子どもたちがかき込みたいものであれば、なんでもOK。見える化しておくことで、子どもたち同士で発見を共有したり、「次に行ったときは、どうなっているかな？」と、次回の散歩を楽しみにしたりすることにつながります。いつでも見て対話できるように、子どもの目線の高さに掲示しておくとよいでしょう。また発見したものの写真を用意し、子どもと一緒にマップにはるのもお勧めです。

◎◎ 保育を考える視点

散歩や「まち探検」の際に、子どもが興味をもったヒト・モノ・場・事柄などの写真を撮っておくことはとてもお勧めです。その写真を、子どもと一緒に地域のマップにはっていきます。それは、自分の住んでいる地域への親しみや関心につながるだけではなく、次にこうしてみたいという学びの広がりにもなっていくでしょう。（大豆生田）

(4~5歳児) 図書館を活用しよう

　子どもが興味・関心を広げながら活動を進める際、子どもの経験だけでは解決できないことや、疑問と出あうことがあります。例えば、「幼虫の育て方」や「光る泥団子を作る方法」など、自分たちで試行錯誤してもわからないことは、図書館で調べてみるのもよいでしょう。たくさんの資料や、より専門的な本と出あうことができます。関連する本をきっかけに、興味・関心が別のところに発展する可能性もあるかもしれません。図書館は静かに過ごす場所です。クラス全員で行くのではなく、少人数で出かけられるとよいでしょう。その際は、園で待ってくれていた子どもたちへの報告も忘れずに。

◎◎ 保育を考える視点

　幼児期から図書館など、地域の公共の場に出向くことは大きな刺激になります。園の絵本環境にはないものに出あえる可能性もあります。行く前にどのような本を探したいかなど話し合ってから行くのもよいかもしれません。図書館の司書から話を聞いたり、質問をしたりできる機会にもなるとよいですね。（大豆生田）

実践園の保育者より　公民館へお出かけ

　公民館では季節によって、いろいろな催しが開催されています。5月、地域の公民館では、五月人形が展示されていました。そこで、お散歩がてら見学に行かせてもらうことに。人形だけでなく、かぶとや弓矢、一緒に飾られている柏餅など、気になるポイントは子どもによってさまざまです。園に帰った子どもたちは、数日後、どうしてももう一度見たくて、再度、館長さんにお願いをし、二度目の見学に出かけました。迎えてくれた館長さんは、いつも挨拶を交わす関係で、子どもたちの質問にも丁寧に答えてくれました。大満足の子どもたちは、その後、園に帰ってから「館長さんにお礼がしたい！」と言い出しました。そして、公民館で人形と一緒に飾られていた柏餅を作って届ける計画を立てました。山にサルトリイバラの葉っぱを採りに行ったり、作り方を調べたりと、自分たちで準備を進め、見事、柏餅が完成しました。館長さんに届けると、うれしそうに3つも食べてくださいました。施設として活用するだけでなく、そこで働く人とのつながりも、子どもの日常を豊かにしてくれることを実感しました。

（島根県・北仙道保育所）

五月人形に興味津々の子どもたち。

「館長さんに柏餅を食べさせたい！」。意欲的に柏餅作りに取り組む。

(1~5歳児) 乗り物に出あう散歩

電車、バス、路面電車、フェリーなど、身近で見られる乗り物は地域ごとに異なります。そうした乗り物に出あえる散歩コースを考えてみるのはどうでしょうか？ 事前に「どんな電車が来るかな？」と、予想し合う時間をもつことで、より乗り物にフォーカスし、たくさんの気づきが得られるかもしれません。また出あった乗り物の写真を、保育室に掲示することで、新たな興味が広がるきっかけになるかもしれません。

タンクローリーに興味津々の子どもたち。
（東京都・RISSHO KID'S きらり 岡本）

(2~5歳児) 憧れの場所 消防署や警察署へ

消防士や警察官へ憧れを抱いたり、消防車やパトカーなどの乗り物に関心をもったりする子どもは少なくありません。そうした思いを大切に、消防署や警察署への見学を依頼してもよいでしょう。もしかすると、こうした活動を恒例行事として年間計画に組み込んでいる園もあるかもしれませんが、「その日だけのイベント」で終わってしまうのは、とてももったいないことです。興味をもった子どもが、その後も消防士に質問に出かけたり、警察官に制服を見せてもらったりする機会を作ることで、興味がさらに膨らむ可能性があります。園内で消防士ごっこが盛り上がったり、将来の夢につながる子もいるかもしれません。

さらにもう一歩

園外活動を行う際、クラス全員で行くことが当たり前になっていないでしょうか。行先や行く理由によっては、ときに少人数で行くほうが、園内での活動との往還がより活発になる場合もあります。誰が行くのか、何を見たり、調べたり、聞いてくるのか、みんなで考え、戻ってきてからほかの子どもたちと共有することもできます。（三谷）

（3〜5歳児）乗り物に乗ってみよう

　乗り物に興味をもつ子どもがいるのであれば、実際に乗ってみるのもよいでしょう。ただ、保育者がすべて準備をしてしまうのではなく、乗るために必要な時刻表やお金について子ども自身が調べたり、目的地やそこでの過ごし方を相談して決めたりするなど、乗り物に乗ること自体を大切なあそびのプロセスととらえて進めることが大切です。一般の人が利用する乗り物に乗る経験は、それだけで社会を知る、社会で過ごすルールを知る機会になるでしょう。

（4〜5歳児）仕事図鑑作り

　地域にはさまざまな仕事をしている人がいます。どのような仕事があるのか、またどのような働く人がいるのか、探してみるのもおもしろいかもしれません。散歩中に出あった「仕事」や「働く人」を次々にメモしていき、園に帰ってから振り返りの時間をもちます。見つけた「仕事」を書き出しながら、「それぞれの発見」を共有した後は、仕事図鑑作りのスタート。各自、または小グループを作って、興味をもった仕事を絵にかいたり、文字でコメントをつけたりしながら、担当のページを完成させていきます。それぞれの子どもがかき上げたものを1冊の本、もしくは表のようにしたら仕事図鑑の完成です。自分の住む街にはどのような仕事があるのかを知るだけでなく、いろいろな人に支えられていることに気づけるかもしれません。

　園外保育は、行先だけでなく、誰と一緒に行くかによっても、子どもが経験できることは変わってきます。行先や状況によっては、安全面の配慮から大人の目を増やしたほうがよい場合もあります。そんなときは、子どもの様子を保護者にドキュメンテーションなどで可視化し、一緒に行きたい保護者を募ってもいいかもしれません。（三谷）

(3~5歳児) ごみ収集車は、どこへ行く？

あります！

ごみはありませんかー？

あるよー

ごみ収集車は子どもにとって魅力的な「働く車」の一つです。道端で見かけたり、実際にごみを集めている場面に遭遇したりすることもあるでしょう。そんなごみ収集車が、その後どこに向かうのか、そして集めたごみはどうなるのか、もしかしたら疑問を抱いている子どももいるかもしれません。もしチャンスがあれば、ごみを回収される方に直接聞いてみてもよいですし、関連施設に問い合わせて、実際に質問に行ってみるのもよいでしょう。生活とは切り離せないごみについて追うことで、社会の仕組みに関心をもつ子もいるかもしれません。ただ、「調べ学習」が目的ではありません。「ごみ収集車ごっこ」のようなあそびをしたり、「ごみ収集車の行き先」を想像した絵をかいたりするなど、興味の伴うあそびとして楽しむことが大切です。

（実践園の保育者より）ごみ収集車が社会を感じるきっかけに

当園では、地域の本物にふれながら、子ども自らが学びを深めていく姿を大切にし、毎日午前中に散歩に出かけます。1・2歳児の男の子たちに大人気なのが車や電車を見ること。かっこいい車や外車に人気が集まる中、Sちゃんはごみ収集車が大好きです。ごみ収集車を見つけると、じっと見つめるSちゃん。ある日、保育室内の造形あそびコーナーの素材置き場の中から青いポリ袋を見つけ、自らごみ収集車になり切るためのコスチューム作りを始めました。そして、ごみに見立てたガムテープを体中にはり付けながら、満面の笑みを浮かべてうれしそうに、「ごみ！ ごみ！」とあそぶ姿が見られるようになってきました。そんな姿に魅力を感じたのか、ほかの友達もごみを収集する職員の姿をじっくり見つめるように。そこで、保育者は室内に新たな保育環境をデザインしようと、子どもたちと一緒に段ボール箱を使ってゴミ収集車を作ってみることにしました。すると、廃材をごみに見立てたSちゃんたちは、連日ごみ収集車ごっこを楽しむように。だれから教わることもなく、あそびを通して、社会の仕組みを自発的に学んでいく子どもの姿は最高に輝いています。

（東京都・RISSHO KID'S きらり 岡本）

青いポリ袋をかぶれるように細工するのを手伝うと、「ごみ！」と言って、短く切ったカラーガムテープをはり出した。

今度は友達や保育者に手伝ってもらって、段ボール箱でごみ収集車作り。

column

「子どもが地域で育つ」
土壌作りを

三谷大紀
先生

　子どもと地域の関係を考えるうえで、2つの視点が大事だと思っています。1つは、子どものあそびや園の保育に地域の資源を活用するという視点です。もう1つは、子どもの存在や園自体が、地域の人々をつなぎ、地域を活性化していく拠点となるという視点です。

　本文の活動例でも紹介しているように、地域には、子どもたちのあそびや興味・関心を活性化する、モノやヒトがたくさん存在します。そうした資源を活用していくのです。一方で、保育施設はもちろん、そこに通ってくる子どもたち、保護者も地域社会の一員であり、地域に対してできることがきっとあるはずです。

　三輪他[1]（2017）は、まちにあるさまざまな資源を活用し、まちでの出あいをつなぎ、関係性を広げ、子どもを園の中に囲い込まず、場や機会を開き、身近な地域社会と一緒になって、まちで子どもが育っていく土壌作りをすることを「まち保育」と呼び、そのステージを以下の図のようにまとめています。

　ここで言う「まち」を、みなさんの園が置かれている「地域」として考えてみてください。「地域社会」というと、漠然とし過ぎてイメージがわきにくいかもしれませんが、もっと具体的にそれぞれの園の立地するご近所、周辺と考えてもらうと、そこは「まち」であったり、「むら」であったりすると思います。子どもの興味・関心を出発点としながら、自分たちが保育を営む「まち」のモノやヒトを活用し、園外の人とつながり、子どもへの温かな関心の輪を広げていくことが、結果として、園の保育の質を高め、地域の成熟にもつながっていくと考えるのです。

「まち保育」の4つのステージ

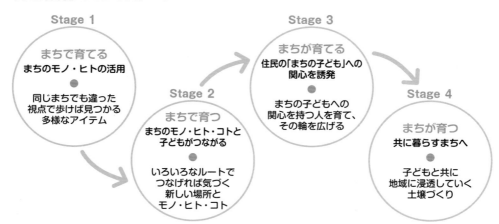

※1　三輪律江・尾木まり（編著）『まち保育のススメ―おさんぽ・多世代交流・地域交流・防災・まちづくり』萌文社，2017年，P.29-30.

○○○ 2
公園を有効に使おう

身近な地域資源である公園。お散歩などで利用することも多いかと思いますが、より豊かな保育にするにはどんな活用方法があるでしょうか。活用の仕方を考えてみましょう。

(0〜5歳児) オススメの公園、募集！

　保護者を巻き込んでオススメの公園を募集してみましょう。「○○公園のここがいい！」のように、公園名だけでなく、そのポイントも自由に書き込んでもらえるようなシートを配布するとよいでしょう。集まった意見は子どもと散歩先を決める際に活用するだけでなく、保護者が目にする玄関や廊下などに掲示することで、保護者同士の語り合いが生まれたり、家庭でのお出かけを考える際の情報源になったりするかもしれません。3歳以上児のクラスでは、子ども自身が自分の経験からオススメの公園について話すことも可能です。子ども同士でプレゼンする機会を作り、自分たちでお散歩の行き先を決めるきっかけにするのもよいでしょう。

さらにもう一歩

　公園を大人の視点からだけでなく、子どもの視点からも考えてみましょう。例えば、子どもの目の高さで公園を見直すと、ふだんは気づかない発見や楽しみ方が見えてきます。逆に大人は子どもから見えていると思っていても、見えていない物があることに気づかされます。子どもにお気に入りのポイントを聞いてみるのもいいでしょう。（三谷）

(0~5歳児) オススメの公園に出かけてみよう

オススメの公園が集まった後は、実際にその公園に出かけてみましょう。まずは、自分たちで歩いて出かけられるところからスタート。公園までの道のりや、公園内の遊具など、事前に知った「オススメポイント」に意識を向けながら出かけてみると、よりワクワク感が高まります。可能であれば勧めてくれた保護者に同行してもらえると、楽しさも2倍に！　自然と、保護者を巻き込んだ保育にもつながります。

(3~5歳児) オリジナルガイドブックを作ろう

オススメ公園へのお出かけを通して、実際に見たりふれたりした「オススメポイント」をカメラで撮影しておきましょう。園に戻った後、その写真を使って「この公園のオススメポイント」を表にします。子どもが絵をかいたり、子どもの発言を言葉にして添えたりするのもよいでしょう。いくつかの公園の資料が集まれば、オリジナルガイドブックの完成です。作成過程そのものもあそびとして楽しめるだけでなく、「もっとおもしろいものを見つけたい！」と、地域に向けてアンテナを張ることにもつながるかもしれません。完成したガイドブックは、子どもや保護者が自由に手に取れるところに置くだけでなく、コピーをしていつも公園を管理してくださっている方にもプレゼント。日頃あそばせてもらっている感謝を伝える機会にもなるでしょう。

◎◎保育を考える視点

公園探検、とてもいいですね。事前の情報収集から始まることで、ワクワクの気持ちが高まります。見たいポイントを絞ることで、「あった」という当日の発見の喜びは大きなものとなるでしょう。事後のガイドブック作りが、その感動の表現にもつながりますね。公園探検が公園探検プロジェクト（協同的な学び）になるのです。（大豆生田）

(0~5歳児) ほかの園の人と一緒にあそぶ

公園に出かけると、別の園の子どもたちと出あうことがあります。そんなときは保育者同士で連携を取り合って、一緒にあそべるようにしてもよいでしょう。一緒に鬼ごっこをしたり、木の実拾いをしたりと、何気ない時間をともに過ごす中で、自分たちの園以外で過ごす人のことを知ることができます。ただし、1園で過ごすときと同様、安全面への配慮が必要です。園ごとに帽子の色を変えたり、定期的に人数確認をしたりと、いつも以上に気を配ることが大切です。

(1~5歳児) みんなであそぼう

公園には園に通う子どもたちだけでなく、近隣に住む未就園児もやってきます。そんな地域の子どもや保護者と、つながり合う仕掛けを考えてみましょう。例えば公園に出かける際、シャボン玉や砂場のおもちゃ、絵本など、いくつかあそびに使える道具を持っていきます。事前に子どもたちと作った「どなたでもご自由に」という看板を添えておけば、興味をもってくれる親子がいるかもしれません。また看板の横に、ちょっとした敷物や小さい子ども向けのおもちゃを置いておけば、コミュニティスペースにも。未就園児の親子が園を知る機会になるのはもちろん、園の子どもたちにとっても、同じ地域で暮らすほかの人のことを知る機会にもなるでしょう。

さらにもう一歩

子どもが公園でどんな活動をしているかやその思いを地域に向けて発信することで、地域の人の子どもへの理解が深まります。同時に、子どもが家庭で公園での様子を話したり、地域への発信が家庭に伝わったりすることが、家庭でも公園などの地域資源を活用してみたいということにつながります。それが、親子と地域のかかわりを生み、地域で子育てをしていく関係を作るきっかけにもなっていきます。（三谷）

(2〜5歳児) 公園の落ち葉集め

例えば、自然物を使ったあそびや焼き芋などをする際、大量の落ち葉が必要になる場面もあるでしょう。保育者が事前準備として集めることも可能ですが、子どもと一緒に集めることで、それ自体があそびとなります。よく出かける公園に、大きなポリ袋や子どもサイズの熊手などを持って出かけましょう。いつも行く公園にどんな木があるのか、あるいはどこに落ち葉がたくさん落ちているのか、あそびを通して知ることもできます。もしかしたら、公園の清掃員や管理者と出あうチャンスになるかもしれません。

(2〜5歳児) 公園で宝探し

つるつるの石、花、セミの抜け殻、落ち葉、木の枝、どんぐりなど、なんでもOK。自分だけの宝物を見つけたら、お散歩バッグに入れて持ち帰ります。園に帰った後はそれぞれが見つけた宝物を紹介し合う時間をもったり、展示するスペースを作ったりすることで、互いの発見を共有することができます。こうしたあそびを通して、公園ごとの特徴も見えてくるかもしれません。

こうえんで みつけた たからもの

さらに もう一歩

廃材で散歩バックや、虫捕りかごを作ったり、小さな図鑑を用意したり、子どもの様子に合わせて散歩に必要な道具などを、子どもと一緒に考え、準備してみましょう。また、持ち帰ってきた物や写真に撮った物を、さらに調べることができるよう、園内にも絵本や図鑑、顕微鏡など用意しておくと、子どもの探究はますます深まります。(三谷)

86

(2~5歳児) 公園の清掃に参加する

いつもあそんでいる公園や広場などのごみ拾いに参加してみると、意外な発見があるかもしれません。燃えるごみ・燃えないごみなど、ごみに種類があることを知ったり、それを分別することを知ったりするのはもちろん、自分たちがあそぶ公園をきれいにしてくれている人の存在に気づくことができるかもしれません。

(3~5歳児) 公園の管理をする人に質問してみる

生き物のことや、植物のことなど、子どもたちだけでは知り得ないことも、ふだんから公園を管理されている人はくわしく知っています。気になったことや不思議に思ったことを、自分たちで考えたり、調べたりするのはもちろん、公園の管理者に質問してみるのもお勧めです。園内で解決してしまうよりも、より専門的な話が聞けるかもしれません。

◎◎ 保育を考える視点

園庭が狭いなどの園では、自然豊かな公園が近くにあれば、そこを第2の園庭にして定期的に訪れることで、森の保育の実現になるかもしれません。その場合、子どもの動きが見える場所をベースとなる拠点と決めてもよいと思います。そうすることで、子どもたちが自由に活動できるようになるでしょう。（大豆生田）

競争から共創へ
── 子育てしやすいまちづくりの時代

大豆生田啓友
先生

　わが国は、出生率の低下が深刻な状況にあります。そのため、人口減少時代の保育の在り方が求められているのです。厚生労働省においても、「地域における保育所・保育士等の在り方に関する検討会」が開かれるなど、人口減少地域における新たな課題の検討が行われてきました。そこでは、必要な保育を確保していく方策、保育所などを利用していない子育て世帯に対する役割、多様なニーズを抱えた保護者・子どもへの支援的な役割、保育士の確保と資質の向上などがテーマとして挙げられていました。

　園としては経営の在り方が課題となるわけですが、懸念されるのは子どもの最善の利益に反するサービス競争が広がることです。これから求められるのは、「競争」よりもともに支え合い、地域の活性化につながる「共創」なのだと思います。共創（コ・クリエーション）とは、多様な立場のステークホルダー（利害関係者）と対話しながら、ともに新たな価値を生み出していくことです。つまり、地域のあらゆる関係者や機関が手を組んで、地域の課題解決を行っていく営みを指します。

　地域の持続可能性を考える上で、子どもを産み育てやすい地域であるかどうかが、これからの日本の一大テーマです。言い換えれば、子ども・子育てを真ん中にするまちづくりを、いかに行うのかが重要となります。いま、多くの自治体などでは、すべての園で子ども主体の質の高い保育を目指した研修の取り組みが行われ始めています。往還型研修や公開保育も広がりつつあります。これは、まさに地域協働であり、共創型と言えるでしょう。また、本書でも紹介しているような、地域の多様な産業や企業などとコラボする取り組みも、まさに共創型です。こうした園が真ん中のまちづくりが、子どもを産み育てやすい地域づくりにつながり、出生率増加も期待されています。まさに、保育による持続可能な社会づくりです。

写真／宮前幼稚園（神奈川県）

3 ほかの園・施設・地域とつながるさまざまな在り方

地域にはさまざまな施設や環境があります。その場所を活用するだけでなく、園からも積極的にアプローチして、地域社会とつながりましょう。

(3~5歳児) 近隣の園に手紙を出そう

散歩先の公園で出あった園や、同じ小学校に行く園の子どもに手紙を出してみましょう。特別なことを書かなくても、園のふだんの様子を伝えたり、好きなあそびや興味のあることについて、写真や絵を使ってまとめたりするだけで十分です。手紙をきっかけに、新たな交流の場が生まれるかもしれません。手紙に関する絵本や郵便に関する図鑑などを、子どもの手の届くところに置いておくことで、アイディアや興味が広がるきっかけになるでしょう。

◎◎ 保育を考える視点

手紙のやり取りは、他者とつながる実感が得られる重要な経験です。まずは身近な友達とのやり取りから始めるのもいいでしょう。さらには、遠方の他者とつながる経験もしてほしいですね。時間や手間暇もかかるのですが、だからこそインターネットでは得られないつながったときの大きな喜びが実感できるのです。（大豆生田）

なわとび大会が
いいと
思います

いいね

さんせーい！

（3〜5歳児）交流会を一緒に企画しよう

　近隣の園と交流会をもつ場合、その内容を子どもが中心となって、園同士でつながり合いながら企画することに挑戦してみましょう。「どんな交流会にしたい？」「やってみたいことはある？」と子どもの声を集めながら、内容を検討していきます。園ごとに集めた「子どもの声」は、保育者同士が持ち寄って検討することも可能ですし、オンラインビデオ会議ツールなどを活用すれば、日常的に近隣の園の子ども同士が対話をしながら企画を考えることも可能です。子どもたちのアイディアは、もしかすると大人の想像をはるかに超えたすごい企画を生むかもしれません！

さらに
もう一歩

　近隣の園とは、子どもたちだけでなく保育者同士も交流しましょう。きっかけは交流会の振り返りからでもいいですし、互いの園の保育を公開し、子どもの姿について語り合うなど、合同園内研修や公開保育を企画していくのもいいでしょう。きっと、自園にとっての当たり前を見直す機会となり、気づいていなかった自園のよさにも気づくことができます。（三谷）

近隣の園とのハロウィーン交流会に、いざ出発！

実践園の保育者より　近隣の園との交流で刺激しあう

　毎年ハロウィーンの季節が近づいてくると、5歳児の朝の会では「今年のハロウィーンはどうするの？」「商店街にハロウィーンの飾りがたくさん飾ってあったよ！」など、ハロウィーンの話題で盛り上がります。最近、コーナーあそび（自由あそび）になかなか入るきっかけをもてないでいる子どもがいたので、今回保育者は、新たなあそびとの出あいが生まれたらいいなと考え、ハロウィーンの衣装作りコーナーを用意してみることにしました。同時に、ハロウィーンのおもしろさをさらに感じてもらえたらと、複数の絵本を紹介し、読み聞かせをしてみると、「仮装したい！」という子どものつぶやきがたくさん聞かれるようになり、衣装作りコーナーはみるみる大盛況に。また、衣装作りがはじめての男の子たちが奮闘している姿を見て、得意な女の子たちが作り方を教える場面も、自然と見られるようになりました。ハロウィーン当日は、毎年交流している近隣の園に自慢の手作り衣装を披露するため、散歩に出かけました。近隣の園のお誘いでドッジボールやリレー対決などを楽しむ一方、子どもたちが何よりうれしかったことは、自分たちの衣装をすごく褒めてもらえたこと。今は近隣の園の大縄跳びのすごさに刺激を受け、クラスみんなで新記録を目指して挑戦する姿が続いています。

（東京都・RISSHO KID`S きらり　岡本）

他園の子どもたちと、まずはお菓子の交換会。

3~5歳児 地域の自然を活かして交流しよう

川あそびや山歩きなど、ふだんは園ごとに出かけている場所に、近隣の園と予定を合わせて一緒に出かけてみましょう。きっと、経験のある子どもが、あまり経験のない子どもにあそびを教えたり、おもしろい場所を紹介したりするなどのやり取りが生まれるはずです。あそびを通してつながれることで、ときどきしか会えない友達のことを、「魚を見つけるのが上手な○○ちゃん」「一緒に花摘みをした△△ちゃん」などと、すてきなところとセットで覚え、その後の交流につながる可能性があります。

0~5歳児 自分たちのアート作品を街の人に見てもらおう

あそびの中で作った飾りや絵、粘土造形や製作物など、お気に入りの作品を園外の人にも見えるところに展示してみましょう。園の入り口付近や、花壇、ベンチ、窓など、あえて道行く人に見えるところに飾ります。作品を通して自分たちのことを知ってもらうだけでなく、街の人たちに園や子どもに関心を寄せてもらうきっかけになるでしょう。ろうそくやランプなど、光る物を作った際は、安全面に配慮しながら、夜の時間帯に展示するのもお勧めです。

◎◎ 保育を考える視点

子どもが作った作品をともに味わう関係を、園内での子どもや保護者に加え、地域の人にも広げることで、地域にも愛される園になっていくかもしれません。アートを通した地域交流があちこちで広がっています。保護者や地域のアーティストなどとつながって、このような活動をコラボレーションしていくことも魅力的です。（大豆生田）

0~5歳児 作品展に地域の人を招待

　園内で作品展をする場合、見に来てくれるのは保護者です。ですが、それだけでは少しもったいないかもしれません。作品展には子どもが日常の中でおもしろがっていることや、考えていること、試行錯誤のプロセスが詰まったさまざまな物が展示されており、それらの作品にふれることで、子どもたちの世界を知ることができます。その作品展に、地域の人を招待すれば、ふだんあまり意識することのない「子どもの声」に耳を傾けてもらう機会になるのではないでしょうか。できるだけたくさんの人に参加してもらいたいですが、セキュリティ面の配慮は重要です。まずは地域で出あう人を振り返りながら、「どんな人に見てほしい?」と、子どもに尋ねるところからスタートしてもよいかもしれません。

0~5歳児 縁側的スペースで、地域の人に園のあそびを紹介しよう

　園庭の一角やテラス、ウッドデッキなど「半分外」のような場所を使って、地域の人とつながる工夫を考えてみましょう。例えば、ふだん園の子どもが楽しんでいるシャボン玉や感触あそびなど、ちょっとしたあそびを体験できるコーナーを設置します。他園の子どもや、未就園児などとあそびを通して知り合えるのはもちろん、園にあまり縁のない地域の大人も興味をもってくれるかもしれません。この縁側的スペースが、ちょっとした語り合いの場になることも期待できます。どんなあそびを用意したらよいか、子どもと一緒に考え、企画するのもよいかもしれませんね。

◎◎◎保育を考える視点

　これまで、防犯的な意味も含め、園を地域から閉じる流れもありました。それが結果的には地域とのつながりを減少させたのです。これからは、いかに地域の多様な世代が子どもの応援団としてかかわるかが重要な時代となると思います。これらの取り組みが、子どもが社会からリスペクトされる仕掛けにもなるでしょう。(大豆生田)

(4~5歳児) 子どもカフェ

月に1回など、無理のない回数で、子どもカフェを開いてみるのはいかがでしょう？　ままごとあそびの延長で、ちょっとした飲み物を用意し、地域の人に振る舞います。看板や飾り作りなど、企画・準備段階から子どもが参加することで、子どもが中心となって意欲的に取り組むことにつながります。また、ふだんはなかなか話す機会のない、地域のさまざまな世代の人と出あうチャンスにもなるでしょう。保育室でも開催はできますが、一般の人がいきなり園内に入るのはちょっぴりハードルが高いかもしれません。気軽に立ち寄れる、園庭の一角やテラスなどでオープンするのがお勧めです。

(0~5歳児) 園の動画を使った野外イベント

発表会での取り組みや、日常のあそびの様子など、園ではふだんから動画を撮影する機会があります。そうした動画を、保護者や地域の人と一緒に見られる「園庭イベント」を企画しましょう。暗くなった園庭で、白い壁や大きな布などに動画を写し、各自が持ち寄った敷物の上でのんびり鑑賞します。いつもとはちょっぴり異なる雰囲気の園庭は、それだけでワクワクします。そしてふだんの様子を保護者や地域の人に見てもらうことで、園や子どものことを知ってもらう機会にもなるでしょう。

さらにもう一歩　園の催しに参加してもらった人の声を、保育者だけでなく、子どもたちにも届くように工夫してみましょう。子どもにとっても、自分自身が取り組んだことが、園外の人からも価値づけられることは、自信となり、その後の育ちの支えになります。（三谷）

(3〜5歳児) 街中子どもファッションショー

　作品を街の人に見える場所に展示するように、布や飾りを身にまとった子どもたちと、街にくり出してみましょう。あそびの中で作った髪飾りや美しさにこだわって巻いた布には、子どものアイディアや工夫が詰まっています。それらを身に着けた子どもたちが街を歩くことで、子ども一人一人の思考や表現を知ってもらう機会になるでしょう。また街の人から認める言葉をかけてもらうことで、自信を得たり、一人一人が異なる表現をすることのすてきさに気づいたりするかもしれません。

(0〜5歳児) 街の施設で作品展示

　子どもの作品展を、あえて街の中で開催してみるのはいかがでしょうか？　役所の一角や、親子が集う施設、ショッピングモールの通路や図書館など、一般の人が行き交う場所に子どもの作品を展示します。きっとさまざまな街の人に、子どもの表現を知ってもらう機会になるでしょう。可能であれば製作風景を記録したドキュメンテーションや写真を展示したり、作者である子どもが見に来てくれたお客様に、作品のこだわりポイントを説明する機会を用意したりするのもお勧めです。

さらに
もう一歩
　子どもや園の存在を、地域の人たちに理解してもらう機会を作ることは、地域の成熟につながります。地域の人の子どもへの関心を広げ、子どもを支える輪を広げることは、園や子どもたちにとってだけでなく、地域作りのためにも欠かせない取り組みです。(三谷)

0〜5歳児 ドキュメンテーションを街の中に展示しよう

　日常のあそびの様子やその中での育ちのプロセスを記録したドキュメンテーションは、子ども、保護者、保育者にとって大変価値のある記録です。それを、園内だけでなく、園外に向けて発信することで、子ども一人一人がもともともっているよさや、幼児教育そのものの価値を知ってもらう機会にもなり得るのです。ショッピングモールや役所など、街の人が自由に見られる場所に一定期間展示させてもらうとよいでしょう。

街の公共スペースにドキュメンテーションを掲示。地域の人に子どもたちのことを知ってもらうきっかけに。　　（熊本県・杉水保育園）

実践園の保育者より 地域とのつながりが、子どもの経験を豊かにする

　4歳児の秋に訪問した老人介護施設でお年寄りとトントン相撲であそんだり、年末に絵本『ねずみのすもう』を呼んだことをきっかけに、相撲に興味をもった5歳児クラス。地域出身の力士が大関だったこともあり、春からクラスで相撲大会が何度も開催されました。相撲について調べていくうち、隣町に江戸時代に「雷電為右衛門（雷電）」という強い力士がいたこともわかります。クラスの相撲熱はいよいよ高まり、行司の衣装や軍配、力士の化粧まわし、力士図鑑を作る子もいて、相撲を中心にあそびが広がっていきました。

子どもが街で見つけてきた紙相撲大会のチラシ。

　ある日、一人の子が持ってきたチラシによって、地域で巨大な紙相撲大会が開かれることを知った子どもたちは、身長197cmだった「雷電」と同じくらいの力士を作って大会に出場しようと決めました。5月に作った力士の身長を測ってみると約80cm。子どもたちは「大きい！」と思っていたのに、「雷電」の大きさに改めてびっくりします。11月の大会を目指して諦めずに挑戦し続けた子どもたちは、ついに197cmの力士を作り上げました。小中学生に交じり、大会最年少で出場した相撲大会では、5歳児チームが見事に準優勝！　お別れ遠足は、子どもたちの希望で、近隣の「雷電資料館」へ。地域の資源やつながりが、子どもたちの経験を豊かなものにしてくれました。　　　　　　　　　　　　　（長野県・あそびの森あきわ）

紙相撲大会の会場。右が子どもたちの作った「白鵬ごじごじ山」。

column

大きく変わる小学校との接続
── 架け橋時代の保育

大豆生田啓友
先生

これまで、5歳児クラスになると、小学校では「45分座れないといけない」「文字の読み書きがこれくらいできないといけない」などの理由で、小学校の準備的な一斉画一的な教育が行われる姿もありました。そして、小学校に入って子どもが荒れる「小1プロブレム」の原因は、子ども主体のあそび中心の保育に責任があるかのような誤った指摘もあったのです。だから、保護者からも、そうした一斉画一的な保育を求める声が少なくありませんでした。

しかし、これからの小学校は、そうではありません。学習指導要領が改訂され、小学校以上の学校教育は「主体的・対話的で深い学び」の教育が行われることになりました。そして、さらに5歳児から小学校1年生は「架け橋期」と呼ばれ、「主体的・対話的で深い学びの実現を図り、一人一人の多様性に配慮した上で全ての子供に学びや生活の基盤を育むことを目指す」方向性が打ち出されています。これが、「幼保小の架け橋プログラム」と言われるものです。つまり、子どもの主体性を尊重したあそびを通した保育の延長線上に、小学校1年生があると捉えることができるのです。

小学校1年生の1学期は、スタートカリキュラムから始まります。先駆的な学校では、保育の場のようなあそびの環境なども構成され、そこでのあそびから、学校探検など、みんなでワクワクするような取り組みが少しずつ始まっていくのです。さらに、一方的に教師が教えるスタイルだけではなく、子どもの声を聞きながら学びを進めていく方法や、子ども同士が協力して教え合ったりするなどの方法を行う場合もあります。単元の学習でも単に教科書を読んでこなすスタイルだけではなく、子どもの興味・関心を活かして行うこともあるのです。それは、個々のアイディアを活かし、仲間と協力して、探究していくといった、あそびが学びとなる保育の延長線上にある学びだとも言えるのです。

写真／宮前幼稚園（神奈川県）

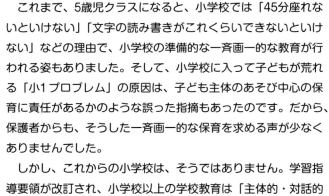

第 4 章

地域の専門家と
かかわる

地域には、さまざまな専門家がいたり、施設があったりします。
積極的にかかわりをもって、本などからでは得られない、生の体験をしてみましょう。
園外の人とふれあうと、そこにはたくさんの学びがあるはずです。

あそび・活動案／佐伯絵美

写真／RISSHO KID'S きらり 玉川（東京都）

1

店舗を通してのコラボ

地域にある店舗、商業施設とコラボをすることで、新しい発見や出あいがあるはず。まずは、情報を集めるところから、始めてみましょう。

2~5歳児 最初は子どもの興味から

ここからさまざまな店舗とのコラボについて紹介しますが、まずお伝えしたいのは、単に店舗とコラボすればよいというわけではないということです。重要なのは、その始まり方。最も大切なポイントは、「子どもの興味から」始まっているかどうかです。

園生活を通してさまざまなことに興味をもつ子どもたちは、それを探究する過程で園内の情報だけでは限界を感じることがあります。そうしたタイミングで地域に目を向けることで、自分たちの知りたい情報をもった人と出あえる可能性があるのです。さまざまな店舗で働く人は、当然その道のプロ。こうした人々とやり取りすることは、知りたいことを知れるチャンスになるだけでなく、身近な大人への尊敬や憧れを抱くきっかけにもなるでしょう。店舗やそこで働く人を含めた地域全体を保育環境と捉えることで、子どもの学びや興味はぐっと深まるのです。

子どもの興味・関心、つぶやきをとらえる。（神奈川県・RISSHO KID'Sきらり 相模大野）

3~5歳児 地域の情報を集める

探してみると地域には子どもの興味を引く店舗が。（東京都・RISSHO KID'Sきらり 玉川）

自分たちが知りたいことにくわしい人や店舗には、地域のどこに行けば出あえるのか、情報を集めるところから子どもと一緒にスタートします。例えば、サークルタイムで子どもたちと意見を出し合ったり、ほかのクラスの子どもや保育者に相談したりするのもよいでしょう。また、地図やタブレットなどを使って調べたり、各家庭で保護者と相談して情報をもち寄ったりするのもお勧めです。大切なのは、できるだけプロセスすべてに子どもが参加できるようにすること。地域の情報を集めること自体が、地域を知る大切な経験となるはずです。

👁👁 保育を考える視点

多くの園で、「お店屋さんごっこ」のあそびやイベントが行われます。しかし、実際にお店も見ないで、お店屋さんごっこを行っている園もあると聞きます。それは、とてももったいないことです。実際のお店を見ることは、子どもがモノの売り買いやお金のこと、あるいは商業や商店、職業などに関して、興味や関心をもつ絶好の機会になるでしょう。（大豆生田）

(3~5歳児) コンタクトの取り方・店舗への配慮

行ってみたい店舗が決まったら、「いざ出発！」と、いきたいところですが、その前に忘れてはいけないことがあります。店舗への配慮です。一般の方も訪れる店舗に、突然大勢の子どもたちが訪れては、お店も困ってしまいます。できれば事前に店舗の人に相談し、伺ってもよい日時を確認できるとよいでしょう。その際、店舗に出かけることになったきっかけや、見学の趣旨などを伝えておくと、当日、スムーズに質問をすることができます。店舗によっては、一度に大人数が入れない場合もあります。そのことも事前に話し合い、本当に興味をもっているメンバー（少人数）で出かけることも考えましょう。ただし、園に戻ってから、待っていてくれたメンバーに情報を共有することを忘れずに！

「何を探す？」「誰に聞いてみる？」、事前準備をしっかりして、いざ店舗へ。
（東京都・RISSHO KID'Sきらり 玉川）

(3~5歳児) 貴重な体験をその後の保育にどうつなげる

クッキング、造形、ごっこあそび……。活動がつながる、広がる環境を工夫。
（神奈川県・RISSHO KID'Sきらり 相模大野）

店舗での見学を終えた後は、振り返りの時間をもちましょう。見学で得られた発見や気づきは、一人一人異なるはずです。それらを出し合いながら、一人の気づきをみんなのものにしていきましょう。また、そうした振り返りで出た意見や気づきは、文字や絵、写真などで見える化し、子どもの目の届くところに掲示しておくとよいでしょう。それをきっかけに子どもが自分たちのあそびや活動を深めていく可能性もあります。その際、店舗で学んだことをあそびの中で再現するために何が必要なのか、子どもと相談しながら環境を揃えることで、活動の展開や学びの深まりが期待できます。

コラボ後のあそびの深まりについては、改めて店舗に報告することもお勧めです。子どもにとっても、地域の人にとっても、互いの存在が大切であることを実感できる機会になるかもしれません。

さらにもう一歩

行先にまつわる資料（パンフレットや写真）、当日のスケジュールや用意する物、保護者から寄せられた情報がある場合にはそれらも一緒に掲示するなど、子どもと一緒に行先にまつわる特設コーナーを保育室に作ってみましょう。行く前も行った後も、そのコーナーが拠点となって、新たなあそびや興味が生まれるでしょう。（三谷）

3~5歳児 買い物に行こう

　例えばクッキングをする際、必要な材料を探しに、近くのスーパーや商店街に出かけてみましょう。ふだんおうちの人と出かけるのとは異なり、子ども自身が目的意識をもつことで、新たな発見があるはずです。お店の場所や物の値段を知ったり、お金の計算をしたりと、買い物をするために必要な経験をすることができます。入店前にルールを確認するなど、お店やほかのお客さんへの配慮も忘れずに。

👀 保育を考える視点

　買い物は何がどこでどのように売られているかを考えたり、お金のことを知る重要な機会になります。保育者が全部決めてしまうのではなく、子どもと一緒に丁寧に話し合う機会にすることが大切です。5歳児クラスなどであれば、決まった金額があって、その範囲でどのように買い物をするかを考える学びの場にもなるでしょう。（大豆生田）

さらに
もう一歩

　〇〇屋さんに出かけたからといって、保育者の考える〇〇屋さんごっこはやるとは限りません。〇〇屋さんの制服だったり、道具だったりと、さまざまなことに興味をもつでしょう。子どもとともに保育ウェブなどを作って見える化し、どんなことがおもしろかったかを振り返り、共有していくことで、園外での経験をそれぞれの興味・関心にもとづいてあそびにより活かすことができます。（三谷）

（3~5歳児）〇〇屋さんに行こう！

子どもの興味・関心に合わせて、地域のお店に出かけてみましょう。園内では知り得ない情報を得たり、新たな出あいを通したりして、さらに興味が広がるかもしれません。ただ、いきなりたくさんの子どもたちがお店に訪れると、お店やほかのお客さんに迷惑をかけてしまう恐れもあります。お店の広さや取り扱い商品によっては、事前に電話などで相談し、日時や人数について知らせておくとよいでしょう。また、そうした事前の相談も含め、お店へ出かける計画は、子どもと一緒に立てましょう。目的意識をしっかりもつことで、その分、得られる学びの質が高くなるはずです。子どもたちと計画を立てたら、いざ、お店に出発です！

お店の人に聞いてみたいことがいっぱいの子どもたち。
（東京都・RISSHO KID'S きらり 玉川）

●例えば…… ケーキ屋さんに行ってみよう

ケーキ屋さんごっこが盛り上がったときや、ケーキクッキングをする際には、実際にケーキ屋さんに出かけてみるのもよいでしょう。どのようなケーキが、どのように陳列されているか、また、どのような箱に入れてお客さんに手渡されるか、本物を改めて知る機会になります。もしかすると、クリームを絞る様子を見せてもらったり、旬の果物についてお話を聞いたりできるかもしれません。学んだことが園での活動にどのようにつながるか、楽しみです。

●例えば…… 100円ショップに行ってみよう

　物作りの素材を考える際、子どもと一緒に100円ショップに出かけてみるのもよいでしょう。例えば、ドレス作りに興味をもった子どもがかいたデザイン画を手に、100円ショップに出かけます。レースやビーズなどの手芸アイテムはもちろん、造花やカラフルなタイル、クリップなど、100円ショップならではの発想が得られるかもしれません。園外に出かけることで必要な素材が手に入るだけでなく、新たなイメージの広がりも期待できます。

●例えば…… 花屋さんに相談に行こう

　大人が管理するものと思いがちな園の花壇も、子どもと一緒に手入れをするとよいでしょう。その際、お花にくわしい人に相談するのもお勧めです。例えば、近隣の花屋さんに出かけ、季節に合った花を教えてもらったり、植える際の土や肥料、手入れ方法などを聞いたりすることもできます。花壇作りへの興味が深まるだけでなく、フラワーアレンジメントやブーケ作りなど、花屋さんだからこその新たな興味と出あうきっかけになるかもしれません。

さらにもう一歩

　大事なことは、子どもの当事者性を大切にし、保育者主導にならないようにすること。子どもの興味を出発点として行先や活動を考えていきましょう。もちろん、提案することはあり得ます。子どもの様子を見て、「今度、○○に聞きに行ってみる？」という提案から、スケジュールや先方に聞くことを整理するなど、新たな活動が生まれるでしょう。（三谷）

(3〜5歳児) 商店街のポスターをデザインさせてもらおう

　つながりのある商店街や店舗などがイベントをする際、チラシやポスター作りに参加させてもらうのはどうでしょう。大切な情報は店舗の方に書いていただき、それ以外のデザインを、子どもたちが担当します。ただ自由にかいたり、作ったりするのではなく、お店の人のイメージやコンセプトを聞いたうえで、デザインを考えます。店舗と子どもとのコラボ作品が、街の中で生かされていきます。

◎◎ 保育を考える視点

　地域のお店や商店街と子どもたちのコラボレーション企画があることで、子どもが社会に貢献するよい経験の機会になります。ポスターのデザインというのも一案ですが、これも子どもと一緒に話し合って決められるとよいですね。みんなで考え、そのアイディアが活かされることで大きな自信につながるでしょう。（大豆生田）

(実践園の保育者より) 商店街の人々との交流

ジュース屋さんに、甘いジュースの作り方をアドバイスしてもらった。

いざ、ジュース作りに挑戦！

　毎日の散歩は、子どもたちにとって新たな発見やあそびとの出あいの連続です。特に春は、さまざまな虫や草花など、子どもにとって魅力的なものばかり。この日も公園に散歩に出かけた際、ヘビイチゴがたくさん実っているのに気づいた2歳児たち。早速ジュース作りを始めましたが、実際に飲むことができないことを悔しがる姿も見られるように。保育者の提案で、食べられる木の実探しに近くの商店街の花屋さんを訪ねてみると、偶然ブルーベリーの木を手に入れることに成功しました。この日を境に、連日子どもたちのジュース作りの挑戦が始まりました。まず試してみたのが、ブルーベリーと水を組み合わせたジュース作り。あまりの味の悪さに「もっと甘くしなくちゃ」と、子どもたちのつぶやきが聞かれ、2回目は砂糖を加えて作ってみることに。しかし納得のいかなかった子どもたちは、さらに「リンゴを入れてみたら？」「レモンも入れるといいんじゃない？」とさまざま試行錯誤を楽しむように。そんな中、出あった商店街のジュース屋さんから、「バナナでやってみるといいんじゃない？」と、アドバイスを受けた子どもたち。いろいろ試してみて、最後にみんなの意見が一致したのが「パイナップルと合わせるのがいちばんおいしい！」。子どもたちの活動は、商店街のさまざまな人との豊かな出あいによって、魅力的に輝いていきます。

（東京都・RISSHO KID`Sきらり 玉川）

（2〜5歳児）あそびに使う素材をもらう

余っている木はありますか？

　地域にあるさまざまな企業・店舗では、廃棄される部品や素材がたくさんあります。その中には、園の子どもたちにとって、あそびの素材になり得るものがあるかもしれません。そうした企業と連携し、定期的に素材を回収させてもらう仕組みを作るのはどうでしょうか？

　はじめからたくさんの企業や店舗に声をかけるのはハードルが高いです。例えば、「ロボット作りに使えそうな素材がないか、車屋さんに聞きに行く」「ドレス作りに使える端切れをもらえないか、布屋さんに交渉に行く」など、今、子どもが興味をもち、必要としている素材について検討してみるとよいでしょう。保育者がすべて進めるのではなく、子どもが書いたチラシや手紙を使うなど、可能な限り、子どもが主体的に参加できるようにしましょう。また、もらった素材を使って作った作品を見せに行ったり、お礼の手紙を書いたりするなど、その後のつながりも大切に。余った素材を有効活用する取り組みにもなります。

（2〜5歳児）コラボ作品を、企業や商店に展示してもらおう

　企業や店舗にもらった素材を使って作った作品の一部は、その企業・店舗にプレゼントするのもお勧めです。例えば、そこで働く人々や、店舗に訪れるお客さんの目にふれる所に展示してもらうことで、企業と子どもたちとのつながりを、展示物を見た人に発信することもできます。作品そのものを展示してもらうことが難しい場合は、作成過程や作品の写真を届けてもよいでしょう。

◎◎保育を考える視点

　企業や商店の廃棄物が、園での子どもの活動で再利用される協働は、今後ますます重要になると思います。その際、その作品が園内だけではなく、企業や商店にも展示されるとなると、子どもの作品が地域のたくさんの人から評価されるだけではなく、企業や商店の子どもへの貢献としても見える化されるでしょう。（大豆生田）

（2〜5歳児）地域の市場見学

　地域で定期的に開かれている市場に、散歩がてら出かけてみましょう。多くの店舗には、その地域ならではの特産物や加工品などが販売されているはずです。店舗や商品を見るだけで、自分たちの地域の魅力を知ることにもつながります。もしかしたら店員の接客姿やお金のやり取り、商品の陳列などに興味をもった子が、園で「市場ごっこ」を始めるかもしれません。

地域の市場「きんさい市」にお手伝いとして参加。
（島根県・北仙道保育所）

さらにもう一歩　園外に出て、自分の興味ある事柄に関する「本物」と出あう経験は、子どものあそびに影響を与えます。本物を見たり、ふれたり、聞いたりすることで、子どもたちがどんな問いを生み出しているかに注目してみましょう。その問いを一緒に考えることで、子どもの探究が深まります。（三谷）

親子でエコバッグに絵を描くワークショップ。

実践園の保育者より

園と企業の協働で地域を活性化

　神奈川県横浜市港南区の野庭団地の一角にある幼保連携型認定こども園 関東学院のびのびのば園は、2017年より地域連携担当職を配置し、自治会、学校、商店、企業などとの連携を通して、さまざまな取り組みを行っています。例えば、子どもの居場所活動では、主に地域の小学生を対象に、園内で調理された給食提供などを行いました。昼食後はボランティアの高校生や大学生らとあそび、地域の交流の場となりました。小学生は卒園児だけでなく、だれでも参加可能です。園児との交流も育まれ、幅広い異年齢交流の機会となりました。

　2021年には、「無印良品 港南台バーズ」と協働し、エコバッグに子どもたちが絵を描くという「地球環境問題に関する体験型ワークショップ」が開催されました。このワークショップは、レジ袋の削減を通して地球環境問題を考えることを目的としています。2021年は園児とその保護者を対象に実施し、2022年には、地域の小学生も参加できるように開催しました。描く絵のテーマは、「エコバッグに入れたいもの、買いたいもの」。

　ワークショップ当日は、子どもたちが自分の描いた絵を、参加した無印良品スタッフと楽しそうに説明する姿も見られました。完成した「世界に一つだけのエコバッグ」は、地域を元気にする取り組みとして、「無印良品 港南台バーズ」のウインドウにディスプレイされました。企業との協働が、新たな活動と地域の子どもたちの出あいの場を生み出しています。

（神奈川県・関東学院のびのびのば園）

地域にある無印良品の店舗のウインドウには、子どもたちが絵を描いたエコバッグが美しく飾られた。

それって、本当にSDGs？
── 持続可能な社会を保育からって、どういうこと？

大豆生田啓友
先生

　SDGsへの意識が高まりつつあります。SDGs関連の記事も増えています。ある記事には「こまめに水道の水を止める」「海辺のごみ拾いをする」「ご飯は残さず食べる」「紙パックから再生紙作りを行う」などと記されていました。また、道徳の授業のように、SDGsを取り上げるケースもあるようです。間違ってはいないのかもしれませんが、そうした活動を子どもにさせることが、本当に持続可能な社会につながるのでしょうか。

　SDGsには17の目標がありますが、大きく「経済」「社会」「環境」の3分野に分けられています。恐れずに言い換えると、すべての人が豊かで満たされた生活の保障、多様な人の権利と健康の保障、自然など地球環境の保障、です。乳幼児期のあそびを通した主体的・対話的で、協働的な保育、多様な子どもの声が尊重され、その子らしさ（人権）が保障される保育、家庭・地域や自然環境とのかかわりが豊かにある保育は、まさにそれと重なります。つまり、保育の日常的な豊かさそのものが、SDGs的だと言えるのではないでしょうか。

　それに加えて、そこに暮らす大人の意識が大切なのだと思います。人権やジェンダー、貧困、衣食住、エネルギー資源、身近な自然環境を守ることなど、子どもにかかわる大人（保育者）自身の意識の問題が、園生活や園運営に反映されることが求められるでしょう。園運営において、どう具体的に実践するかということなのかもしれません。最近では、子どもたちに安全な食を保障しようと地域の生産者とつながっている園、ダイバーシティとインクルージョンを理念に掲げて、障害のある子や医療的ケア児の保育などに積極的に取り組む園なども増えてきました。そのような園のスタンスやミッションが、子どもにも反映されるのです。SDGsが単なる子どもへの活動主義に陥り、思考停止にならないような根本的な問いと対話が必要なのだと思います。

写真／RISSHO KID'Sきらり 岡本（東京都）

★2 地域の専門家とのコラボ

近隣にも、いろいろなプロフェッショナルがいます。子どもだけでなく、保育者にとっても、新しい知識との出あいや発見があるでしょう。

(3~5歳児) 野菜作りのプロを訪問

　園で野菜作りを始めると、発育不良や害虫被害など、子どもだけでは解決できないトラブルも起こります。そんなときは、地域にいる野菜作りのプロを訪ねてみてはいかがでしょうか。近隣の畑で野菜作りをされている人を訪ね、質問させてもらったり、同じ野菜を栽培している様子を見せてもらったりするとよいでしょう。いつも挨拶をしている畑のおじさんやおばさんが、いつにも増してかっこよく見えるかもしれません！

◎◎保育を考える視点

　地域のさまざまなジャンルのプロとの協働は、子どもにとってメリットがあるだけではなく、プロにとっても重要な貢献の機会になります。ただし、その際、保育者がすぐにプロにつなげてしまうのではなく、子どもたちとの話し合いを通して、さまざまな可能性を探っていくプロセスも重要なポイントです。（大豆生田）

園芸のプロを園に招いて、花の植え方、育て方をレクチャーしてもらう。

プロの話に真剣に耳を傾ける子どもたち。
（神奈川県・ゆうゆうのもり幼保園）

107

(3~5歳児) 野菜作りのプロを招く

　野菜作りをしている人を訪ねるだけでなく、自分たちの園に招くのもお勧めです。自分たちの野菜の育ち具合を見てもらったり、害虫対策の方法を教えてもらったりするだけでなく、園の生活を知ってもらう、よい機会にもなります。

(3~5歳児) 収穫祭にプロを招く

　野菜作りを通してつながった地域の人を、園の収穫祭などに招くのもよいでしょう。作った野菜をどのように調理して、どのような空間で味わうのか、すべて子どもたちが計画します。もしかしたら、お世話になった地域の人へ、お礼をしたいというアイディアも出てくるかもしれません。「そのとき」だけでなく、継続的にかかわることで、地域の人との関係が深まります。

ありがとう!!

どうぞー

さらにもう一歩　子どもの活動が、園外の「本物」の活動の一部になることも大事です。子どもたちは、地域の「本物」や文化に学ぶだけでなく、子ども自身が地域の「本物」や文化を支え、作っていくことができます。地域のさまざまな人や文化との出あいを通して、子どもは自分の暮らす地域に愛着をもっていきます。（三谷）

作った野菜を地域の方に販売 子ども市場
(3~5歳児)

収穫した野菜は、もちろん自分たちで味わいますが、地域の人向けに販売することができるかもしれません。地域で開催される市場に参加するだけでなく、園庭や園の前の道などを使って小さなお店を開くことも可能です。顔見知りの近隣の人や、野菜作りでお世話になった人にもぜひ声をかけましょう。地域の人々とのつながりを、野菜作りという一つの活動が、どんどん広げていきます。万が一、大盛況になったときのことも考えて、近隣には事前に情報共有しておくことも忘れずに。

子ども市場開催を知らせるチラシ・ポスター作り
(3~5歳児)

子ども市場開催を知らせるためのチラシやポスターは、子どもが中心となって作成します。まずは自分たちでデザインを考えたら、ぜひ、つながりのある商店や印刷所に相談！ お客様に伝わりやすいレイアウトやデザインについて、アドバイスをもらえるかもしれません。子どものやりたいことを追う中で、保育者の世界も広がっていきます。

◎◎ 保育を考える視点

自分たちで作った野菜などを自分たちで食べるだけではなく、誰に、どのように、どれくらいおすそ分けするかなどを話し合うことも重要な機会です。感謝の気持ちを具体的に表現する機会となります。また、売り買いにつなげていく場合は、それをどのように広報すると多くの人に伝えられるかを考える機会にもなるでしょう。（大豆生田）

2~5歳児 芸術のプロに来てもらって、コラボ

保護者や近隣の人で、芸術のプロを探してみましょう。音楽家、画家やイラストレーター、立体物の造形作家など、探してみると意外に近くにいることがあります。ふだんは子どもたちがふれあう機会の少ない芸術のプロを園に招くことで、新しい刺激をもらうことも可能です。演奏や話を聞いたり、作品を見せてもらったりするだけでなく、ぜひ一緒に活動でコラボレーションを。活動の様子の写真や出来上がった作品は園内だけでなく、外の人の目にふれる場所にも展示。芸術のプロの力も借りて、たくさんの人に子どもの表現を知ってもらう場にしましょう。

モンゴル国立馬頭琴交響楽団の女流馬頭琴奏者。音楽や美術のなど、さまざまな芸術のプロを園に招いて。（長野県・あそびの森あきわ）

◎◎/保育を考える視点

最近では、地域活動としてアーティストとのコラボによる「まちづくり活動」が広がりつつあります。ソーシャリー・エンゲイジド・アートなどとも言われます。それは、完成品そのものよりも、アートする活動のプロセスそのものが重視されるのです。地域に開いた子どものアート活動を通して、「まち」がにぎわうことがポイント。（大豆生田）

実践園の保育者より 納豆作りを通して地域の専門家とかかわる

5歳児クラスは、毎年野菜を植えて育てています。クラスの子どもたちに「今年はなんの野菜が作りたい？」と聞くと、「納豆！」という声が。そこで、納豆についてみんなで調べてみると、納豆は大豆から作るものだということがわかりました。

さっそく大豆を買いに、ホームセンターの園芸コーナーを訪れてみましたが、大豆はありません。売り場の人に聞いてみると、「大豆はエダマメからできるんだよ」と教えてくれて、「えー！ 知らなかった！」と、みんなびっくり。

11月。無事にエダマメから生長した大豆を収穫できた5歳児クラス。3回目の挑戦で、やっと食べられる納豆作りに成功！ しかし、さらにおいしい納豆が作りたいと、子どもたちの研究と挑戦は続きました。

ある日、「隣の市に、日本一おいしい納豆を作る工場がある」と、クラスの子がおうちの方に聞いてきました。子どもたちは、その工場に見学に行きたいと熱望していましたが、コロナ感染症の流行で、泣く泣く断念。工場の方と何回かの手紙のやり取りの後、園長先生が代表して工場に行き、子どもたちの質問と作った納豆を持参して、食べてもらうことができました。丁寧な質問への答えと、日本一おいしいと言われる納豆をいただいて大感激。少しでも日本一の納豆に近づけるよう、探究と挑戦を続ける5歳児クラスでした。

（長野県・あそびの森あきわ）

「今度こそおいしい納豆ができますように」と、みんなの気持ちを込めて。

工場からいただいた納豆は、プロの味。

3~5歳児 園で音楽ライブ

園に音楽家を招いて、本物の音楽にふれる機会を作ってみるのはいかがでしょうか？ 園生活では、童謡など、子ども向けに作られた音楽にふれることが多いですが、外に目を向けると、さまざまなジャンルの音楽があることがわかります。「子どもだから」とふれるものを限定してしまわず、さまざまな音楽にふれることで、音楽を通して社会を知ることにもつながります。

3~5歳児 園で演劇公演

例えば、地域の中で活動している劇団に、園の中で上演してもらうことも新たな世界との出あいになります。本物の劇場と同じようにはできなくても、園内のプレイルームやホールなどを使って、間近で芝居を見る機会になります。芝居以外にもせりふや踊り、照明や小道具など、演劇にはおもしろい刺激がいっぱいです。もしも、興味をもった子どもがいれば、芝居に関するミニレクチャーを受けられると、興味が広がるきっかけになるかもしれません。

3~5歳児 子どもが演劇に挑戦

演劇をレクチャーしてもらった子どもたちの中には、その後、あそびの中で演劇作りを楽しむ子どもがいるかもしれません。園内の友達にお客さんになってもらうだけでなく、ぜひレクチャーしてくれた劇団の人にも見てもらいましょう。劇団員の感想やアドバイスを、その後の活動につなげる子どももいるかもしれません。

さらにもう一歩

「誰かに披露したい」といったように、見る側から見せる側に子どもの思いが変わっていくとき、実感にもとづいているからこそ、必要な準備や見せ方を本気で考えます。さまざまなプロから受けた刺激をもとに、子どもたち自身で発表会を企画し、別のクラスや保護者を招くような活動も生まれるかもしれません。（三谷）

子どもの興味・関心に合わせて、地域にいるさまざまな職人さんとのコラボレーションをすることも可能です。それまでのあそびの展開や、職人さんの専門分野によって、コラボレーションの仕方は異なりますが、子どもたちが興味さえもっていれば、どんな職人さんの技も子どもにとっては魅力的に映り、活動や経験の幅をぐっと広げてくれる可能性があります。具体的な例を紹介します。

●例えば…… 豆腐屋さんと

例えば、昼食時などに「豆腐って何からできているの?」「牛乳じゃない?」「プルプルしてるからゼリーの仲間?」などと、子どもたちから声が挙がることがあります。このように子どもの中で「知りたい」という気持ちが高まったときに、自分たちで予想したり、考えたりするのはもちろん、地域の専門家に聞きにいくのもお勧めです。職人さんとの出あいがきっかけとなり、日常の中で生まれた「小さな疑問」が、興味・関心へと広がる可能性もあるのです。ふだんは前を通り過ぎるだけの豆腐屋さんでも、子どもたちが「知りたい」タイミングで出あうことで、ワクワクの詰まった話が聞ける特別な場所になるかもしれません。

さらに
もう一歩

職人のどこに惹かれるかは、子どもによって違うはずです。技、道具、立ち居振る舞い、話し方など、きっといろいろです。保育ウェブの中心を職人名にして、どんなところに惹かれたか、気がついたかをサークルタイムなどで出し合っていくと、一人では気がつかなかったところに気がつく機会になり、あそびだけでなく、友達同士の見方や関係を深めるきっかけにもなります。(三谷)

●例えば…… ピザ職人と

外国への関心や、トマトやバジルの栽培など、生活・あそびをきっかけに、ピザ作りに興味をもったら、レシピや材料を本で調べたり、家庭から持ち寄ったりすることが多いでしょう。でも、もしかすると、少し地域に目をやれば、ピザ作りにくわしい人と出あえるかもしれません。例えば、近隣のイタリア料理店などに見学依頼をしてみてはいかがでしょうか？　お客さんの少ない時間帯や曜日などを、お店に聞くことで、訪問が実現できるかもしれません。ピザの作り方はもちろん、お店の雰囲気や盛り付け方、ピザに関する話など、たくさんの情報が得られるでしょう。後日、子どもたちがピザを作る日に、職人さんを招くのもお勧めです。

●例えば…… 美容師さんと

ままごとコーナーで友達の髪の毛をとかしたり、結んだり、美容師ごっこが盛り上がったときは、それに必要な室内環境を整えるだけでなく、本物の美容師さんの技術を見せてもらう機会をもてるとよいかもしれません。もちろん、同じような技術が得られるわけではありませんが、目の前で髪型をデザインする美容師さんの姿に、かっこよさを感じたり、憧れの気持ちを抱いたりするかもしれません。カットショーやメイクなど、新たなあそびや興味が生まれる可能性もあります。

◎◎◎ 保育を考える視点

職人とのかかわりは、子どもがプロフェッショナルな技などに出あう機会にもなります。子どもが実際に体験してみることも大切ですが、プロの技を間近で見ることによる感動体験が特に重要です。感動体験は、その後に自分もそれを再現してみたいという思いにもつながります。（大豆生田）

子どもたちが、玩具会社の商品である人形の包装紙を考えた。（栃木県・認定こども園さくら）

（3〜5歳児）地域の企業や生産者とコラボレーション

　それぞれの地域では、保護者や知人などが、どこかの企業や生産者とつながっています。また、その中には子どもたちも知っている商品などもあるはずです。例えば子どもがその商品に興味をもったら、パッケージや包装紙のデザイン、子どもならではのその商品を使ったアイディアを考えてみるのもおもしろいかもしれません。地元の企業や生産者に働きかけてみると、子どもたちのデザインやアイディアを採用してくれるかもしれません。それぞれの地域ならではのコラボを考えてみましょう。

◉◉ 保育を考える視点

　これからの保育では、地域の生産者や企業などとの協働がとても大切です。特に、自分たちの考えたことやアイディアが外部の力を借りて形になることは、自分たちが社会を作っていく一市民としての自覚にもつながるからです。ただ大切なことは、この活動が子どもの声から始まっていることで保育者主導ではないことです。（大豆生田）

実践園の保育者より　イチゴ農家、企業との協働

　「イチゴの種から、イチゴはできないんだって！」。こんな子どもたちの勘違いから、イチゴ農家との交流がスタートしました。イチゴの栽培を教わったり、自分たちで栽培したイチゴを食べてもらったりという関係の中で、農家から箱に入ったイチゴをプレゼントしてもらいました。それをきっかけに、「自分たちもイチゴの箱を作ってみたい！」と、子どもたちの製作意欲がかき立てられました。その様子を見て、イチゴ農家から「うちのイチゴの箱をデザインしてよ！」と、子どもたちにデザイン依頼があり、イチゴの箱の製作が本格的にスタートしました。すると、テレビ番組で母子支援施設について知った子から、「このイチゴを、困っている親子にも食べてもらいたい！」との意見が。それを聞いた園とイチゴ農家で、地域のいろいろな企業にその話をすると、「特定の農家に支援することは難しいけれど、子どもたちを支援するということなら、イチゴの箱の製作にかかる費用を出してもよい」という企業が複数現れてくれました。子どもたちが箱のデザインをし、イチゴ農家がその箱を使用し、地域の企業が箱の製作費を負担して、農家が箱の製作費相当分をDVなどで困っている人々の支援をしている団体へ寄付をするという、子どもを真ん中にした地域のつながりが生まれました。　　　　　（栃木県・認定こども園さくら）

イチゴのパッケージに絵をかく子どもたち。

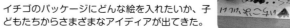

イチゴのパッケージにどんな絵を入れたいか、子どもたちからさまざまなアイディアが出てきた。

column

それぞれの得意を生かす場を
つくることの意味

三谷大紀
先生

　地域の専門家と協働するといっても、園によってはそんなの無理という声が聞こえてきそうな気もします。でも、本文の中でも書いたように、子どもたちの保護者は何かしらの専門家や得意なことがあるはずですから、そんな場合には、そこから始めてはどうでしょう。また、在園児の兄弟にだって参画できることがあるかもしれません。そのためには、日々の保育を保護者に向けて開いていくことも大事ですし、それぞれの保護者がどんなことが得意なのかを、リサーチしておくといいでしょう。保護者が保育に参画できる場をつくっていくことで、結果として園が子育ての拠点になっていきます。また、園児の祖父母や地域のシニア世代は、知識や経験も豊富で、直接子どもの相手をする以外でもその力を発揮できることがあると思います。園庭の草花の手入れ、大工仕事が得意な人、畑仕事にくわしい人など、いろいろな方がいると思います。もちろん、子どもとかかわることが大好きな人もいるでしょう。でも、必ずしも子どもとかかわることが得意でなくてもいいと思います。散歩の道中にどんな人がいるか、ちょっとアンテナを張ってみてはどうでしょう。

　子どもの興味・関心にもとづいて園外の人の得意を生かす場をつくっていくことは、当該園の子どもや保育のみならず、その地域にとっても意味があります。在園児を真ん中に在園児同士の保護者が、在園児の保護者と卒園児の保護者が、在園児と卒園児が、子どもや子育て当事者と地域のシニア世代がつながるなど、園が地域交流の拠点となり、互いを認め合い・支え合う風土を生み出すことにつながるのです。園の子どもたちは地域の人に見守られながら育っていき、やがて今度は、自分たちが地域の人（未来の園児を含む）を支えるようになっていけるといいですね。

写真／宮前幼稚園（神奈川県）

★3

地域の場（施設）の活用

地域資源を大いに活用しましょう。調べてみると、近隣にもさまざまな施設があります。出かけるときは、しっかり下調べをし、行先の人とも連携を取りましょう。

(3〜5歳児) プラネタリウムに出かけよう

　子どもたちと計画を立て、地域にあるプラネタリウムに出かけてみましょう。プラネタリウムでは星空を見られるだけでなく、星座にまつわる神話を聞いたり、BGMで流れる静かな音楽にふれたりすることができます。施設の人と事前に打ち合わせをすることで、子どもたちに合う内容・時間などで構成されたプログラムにしてもらえることも。子どもたちの「星への興味」から見学につながる場合だけでなく、「プラネタリウム見学」をきっかけに、夜空や星への興味が生まれる可能性もあります。地域資源を最大限に生かす保育を考えてみましょう。

◯◯ 保育を考える視点

　プラネタリウムや美術館などに行く経験は、その前後のプロセスがとても重要です。例えば、子どもが月の満ち欠けや星のことなどに興味がある流れの中で、プラネタリウムに見に行くのと、それがなくて行くのとでは経験に大きな違いがあるでしょう。当日の感動があれば、見学後も宇宙や星に関するあそびが展開するでしょう。（大豆生田）

(3~5歳児) 美術館へ出かけよう

　園の作品展の前には、ぜひ、美術館に出かけてみましょう。展示方法やタイトルの付け方、ライティング、演出方法など、自分たちが作品展をする上で、さまざまなアイディアが浮かぶきっかけになるかもしれません。また、美術館ではふだん目にすることのないアートにたくさん出あうことができます。作品展以外の園生活・あそびの中にも、美術館で得た刺激が広がっていくかもしれません。

(3~5歳児) 美術館で子どもの作品を展示してもらう

　もしも、何度か訪れてつながりのできた美術館があれば、ぜひ、子どもの作品を展示してもらえるよう相談してみるとよいでしょう。子どもの思いや考えが詰まった作品を、美術館という一般の人の目にふれるところに展示することは、「子どもの声を社会に発信すること」にもつながります。作品そのものを展示するのはもちろん、可能であれば、作成過程の写真やちょっとした記録も添えられると、より子どもの思いを知ってもらう助けになるかもしれません。

**さらに
もう一歩**

　いわゆる「遠足」で出かけた場合にも、出かけた後が大事。子どもがどんなことに刺激を受けてあそびを作り出そうとするかを事前に予測し、素材などを準備しておきましょう。また、持ち帰った資料（パンフレットや地図など）や写真を掲示することで、子どもたち自身が出かけたことを振り返り、自分たちのあそびに生かしていけます。（三谷）

(3~5歳児) 地域の浄水センターに行ってみよう

「空から降ってきた雨はどこに行くんだろう?」、そんな疑問をもつ子どももいるかもしれません。自分たちであれこれ想像を巡らせたり、イメージを膨らませて絵にしたりすることも大切ですが、浄水センターなどの専門施設へ出かけることで、興味が膨らむ可能性もあります。園から遠く離れている場所や、広い施設に出かける際は、園のスタッフだけでなく、保護者に付き添いをお願いすることで実現しやすくなります。その際は、どのような経緯・意図で施設見学を行うことになったのか、事前に保護者にも理解してもらい、子ども自身がしっかり学べる機会にすることが大切です。

(3~5歳児) アウトドアのノウハウをレクチャーしてもらおう

テント作りやたき火などアウトドアへの興味が広がった際は、近くのアウトドア用品店を訪れてみるのはいかがでしょうか? 本物の道具にふれるだけでなく、アウトドアのプロの技を間近で見たり、レクチャーしてもらったりする機会にもなるでしょう。園に帰った後、それぞれ何が心に残ったか振り返りをすることで、アウトドア用品店での学びが、その後のあそびや活動につながりやすくなります。

さらにもう一歩

いつもいろいろなことがうまく行くとは限りません。失敗する経験も大事です。「こうやってみたけれど、うまくいかなかった」こと自体を手土産に、その道の専門家と話すと、子どもが今必要としている情報を、子ども自身によって的確に聞き出すことができます。(三谷)

③〜⑤歳児 みんなで銭湯へ！

プールや砂場で始まった「お風呂ごっこ」をきっかけに、本物の銭湯に見学に出かけることで新たな発見を得られるかもしれません。お客さんがいない時間・曜日などを事前に確認し、興味をもっている子どもたちで出かけます。ほどよい湯加減や、お客さんへのサービスで気をつけていることなど、自分たちのあそびに合わせて、聞きたいことを質問します。もしかしたら、銭湯の壁にかかれた大きな富士山に興味をもつ子どももいるかもしれません。子どもの興味がセットであれば、どんな場所も魅力的な保育環境になり得るのです。

②〜⑤歳児 近くの駅に出かけてみよう

電車に興味をもっている子どもたちと一緒に、駅に出かけてみるのもよいでしょう。いろいろな電車が見られるのはもちろん、バスやタクシーなどの乗り物と出あうことができます。また、駅員さんや運転士さん、売店の店員さんなど、駅で働く人と出あえるだけでなく、そうした人が使う道具や制服などを間近で見ることもできます。電光掲示板やICカード、券売機など、どこをおもしろがるのかは人それぞれ。もしかしたら、駅にまつわる製作や駅ごっこが始まるかもしれません。駅で撮影した写真を掲示したり、再現あそびに必要な道具や素材を用意したりと、室内環境もセットで整えることが大切です。

👓 保育を考える視点

クラスに一人くらいは電車好きの子がいるものです。その子の電車好きを、クラスに広げるのも一案ですね。電車好きに乗り鉄、撮り鉄など多様な楽しみ方があるように、電車や駅の楽しみ方も多様な可能性があります。ぜひ、子どもの興味・関心を活かしたり、子どもの声を聞いたり、話し合って何を見に行くかを考えてみたりするとよいですね。（大豆生田）

(3~5歳児) 地域の人の作品展に出かけよう

パッチワーク、フラワーアレンジメント、書道など、地域に開かれた展示スペースには、年間を通してさまざまな作品が展示されています。その中には、子どもの興味・関心につながるものもあるかもしれません。事前に展示内容やスケジュールを把握しておくことで、子どもにとって魅力的なものや人との出あいの場になるはずです。ただし、事前にどのような場所か子どもに伝え、ルールを守って見学できるように配慮することが大切です。

(3~5歳児) 神社やお寺での行事に参加しよう

おみこしや踊り、節分の豆まきなど、神社やお寺ではさまざまな行事が開催されます。それらの行事には、昔からその地域に住む人たちが、願いを込めて大切に続けてきた歴史があります。そうした行事に参加することは、地域を知ることにもつながるのです。散歩がてら見学に行ったり、実際におみこしを作って参加したりと、参加の方法はさまざまです。ただ、行事の参加について突然依頼に行くのではなく、ふだんから子どもたちと一緒にお寺や神社に出かけ、日常的にコミュニケーションを取っておくことが大切です。

さらに
もう一歩

「本物」を見たり、聞いたりしてきたことを、自分たちなりにまとめたり、作品が作れたりできるように環境を準備してみましょう。そのためには、どんな道具や素材が必要になりそうかを、あらかじめ予測して準備しておくことが大事です。（三谷）

(3〜5歳児) 映画館に出かけよう

　子どもたちがタブレットなどを使って動画を撮影したり、撮影した映像を見たりすることも増えてきました。そこから「映画」や「映画館」に関心が広がることがあるかもしれません。そんなときは地域にある映画館に見学に出かけてみましょう。

　チケット売り場や客席、スクリーンなど、本物にふれるからこその刺激が得られるはずです。また、映画のポスターや飲み物販売コーナーなど、それまでは子どもたちのイメージの中になかったものが、あそびの中に登場する可能性も出てきます。自分たちで演じたり、ブロックで作った動物を動かして演じたりと、「映画作り」が盛り上がるだけでなく、お客さんを招いた「オリジナル映画上映イベント」が企画されるかもしれません。

◎◎ 保育を考える視点

　子どものお話作りや劇作りなどが盛り上がったら、映画館とつなげるのも一案です。実際に子どもと動画を撮って、映画を作るのもおもしろそうです。タブレットなどを見る機会が多くなっている現代の子ですが、映画館のような場の雰囲気の中で、みんなで作品を見るような雰囲気を作れると盛り上がるでしょう。（大豆生田）

(実践園の保育者より) 卒園児がコーチになる

お兄さんたちとのバスケットボールを大いに楽しむ。

　バスケットボールがブームになり、お手製のゴール作りから始まって、園長にお願いしてバスケットゴールを購入してもらい、盛り上がりが出てきました。でも、ルールや技がなかなか難しいのが、バスケットボール。卒園児の小学生と中学生のきょうだいが、それぞれバスケ部に所属していることを知った担任は、保護者を通じて放課後に子どもたちに技を見せに来てもらえないかと依頼します。すると、そのきょうだいだけでなく、保護者を通じて現在は別の中学でバスケ部に所属している卒園生にも連絡が入り、小学生・中学生たちが放課後バスケットボールを教えにきてくれるようになりました。園児たちから見れば中学生は「ホンモノ」で、畏敬の念をもちつつ、でも同じ園の出身者として親しみをもってかかわり、聞きたいことを安心してどんどん聞いていきます。一方、卒園児たちも少し照れくさそうにはにかみながら、かつて自分たちが過ごした園に親しみをもちながら、一人一人の園児に対して丁寧に教えてくれていました。一人の卒園児の通う中学校は、園からすぐの場所にあります。道ですれ違う幼児と中学生が挨拶したり、手を振り合ったりしている姿が見られます。こんなふうに、地域の大人同士だけでなく、異世代の子ども同士がつながっていくことは、園にとっても、地域にとっても大切なことだと思います。　　　　　（神奈川県・ゆうゆうのもり幼保園）

教えてもらった技をわかりやすく写真付きで掲示。

column

「本物」と出あうことの意味

三谷大紀
先生

　園外だけでなく、園内にも子どもにとっての「本物」がいっぱいあります。

　ある園の園庭で、子どもが青虫を見つけたときのこと。興味をもった数人が、クラスの集まりの際、どんな虫になるかを調べるために成虫になるまで飼うことを提案し、クラスのみんなで飼うことになります。そんなある日、健康診断の日のこと。自分たちの身長や体重を測定した際、青虫の大きさも測りたいという声が挙がります。でも、一体どこを、どうやって測ったらいいのか悩む子どもたち。そこで、測定に来ていた保健師に相談し、保健師が一緒に悩み、考えながら、本物のメジャーや体重計で青虫の体長や体重を測定してくれました。その後、子どもたちは、保健師がはかっていた姿をまねながら、毎日青虫の身長と体重を測定し、記録していきます。また、ある子は、園内のさまざまなものをはかるということに興味をもち始め、ある子は数字という記号に興味をもち、自分たちのあそびに取り入れる姿が見られるようになっていきます。

　子どもにとって、保健師は自分たちの身長や体重を測定してくれる「本物」のプロです。その人が、一緒に青虫を測定することは、ただ単に子どもの「願い」や「問い」に応えたということだけでなく、子どもの探究を、価値あるものとして認めることになり、子ども自身は自分たちのしていることと「本物」とがつながっていることを実感していたと考えられます。

　散歩先で見かけたさまざまなお店、そこで働く人、園内の修繕をする職人など、何気ないモノやヒトの姿が、子どもにとっては憧れの対象となり、自分のあそびや生活に活かしていく資源となります。そして、その「本物」との出あいから、また新たな事象への探究心が芽生え、結果として、あらゆるコトへ向かっていく姿勢・意欲を育んでいくのです。

　子どもの興味・関心に即して「本物」と出あう機会を作り、子どもがどんな「本物」に、どんなところに憧れているかを捉え直すことが、子どものあそびをより豊かにしていくきっかけになるでしょう。

写真／宮前幼稚園（神奈川県）

第 5 章

社会とつながる ICT 活用

現代社会は、ICTの上に成り立っています。
もちろん、自然などにふれて感性を豊かにすることは欠かせませんが、
子どもたちの生活からはICTも切り離せません。
保育を豊かにするためのICT活用術を考えていきましょう。

あそび・活動案／佐伯絵美

写真／杉水保育園（熊本県）

1
保育を豊かにするツールとしてのICT

保育の中にも、ICTやデジタルツールを導入する園が増えてきました。しかし、道具の一つとして、どう活用するかがとても大切です。保育の中でのICTやデジタルツールの活用について考えてみましょう。

情報活用の一つのツールとしてのICT活用

大豆生田啓友

深い学びには、情報共有がとても大切

子どもたちは園生活の中で周囲の環境とのかかわりを通して、必要な情報を取り入れたり、伝え合ったりしています。情報は日常の子ども同士や保育者との対話の中から、あそびの発見から、絵本や図鑑から、家庭や地域からなど、多様なところから得るものです。必要な情報を取り入れ、判断し、伝え合い、活用することは、子どもの学びの重要な点となります。

もはや社会生活に欠かせないICTやデジタルツール

現代では、情報共有の一つの道具として、ICTやデジタルツールの活用があります。スマホやタブレットなどは、もう日常生活の中にあります。

小学校でも2020年の学習指導要領から「プログラミング学習」が導入されました。これは、コードやプログラミング言語などの技術を習得するのではなく、「プログラミング的思考」、つまり目的達成のために物事の筋道を考え、段階的に判断する論理的思考に、効率的で最適な手順を考えるというプログラミング的視点を加味したものです。

かつてに比べて、幼児の生活においても、デジタルツールとのかかわりは密接になっています。そのようなデジタルツールとのかかわりを、保育の中でどのように活かしていくかも、現場のテーマとなりつつあります。

五感を使った実体験が大前提

　まず大切なことは、子どもは五感などを使い、身体的なかかわりを通した実感を伴って、周囲の世界を知ることが大切だということです。ヒトという生き物は体をもった存在です。草花への親しみを感じるのは、その色や匂いを感じたり、大好きな友達と一緒にふれあいながら出あったり、色水を作るためにあちこち地域を歩き回って、よく色の出る草花をやっと探し出したりすることで、心から感動する直接的な経験があるからです。これが、単にデジタルツールで検索して調べるだけだったら、この喜びの実感は得られません。

ICTやデジタルツールを、
どう保育に生かすかが大きな課題

　直接的な体験が感性を豊かにするという理解なく、安易にICTやデジタル活用を広げようとすることには、大きな課題があるでしょう。ICTやデジタルが便利なツールだけに、その問題は大きいのです。しかしその一方で、先にも述べたように、子どもの生活には、デジタルが当たり前のものとなっています。最近では、ICTを図鑑やはさみのような道具として上手に活用することによって、それがむしろ豊かな身体的な学びにつながるあそびとなる取り組みも生まれつつあります。

　例えば、きれいな色が出る草花をICTで調べることで、興味が深まり、それがどういう場所に咲いているかを調べ、実際に「まち」に出て行って、それを探そうという身体的で協働的な活動につながることもあるからです。

　逆に言えば、活用の仕方の問題と言えるかもしれません。つまり、私たち大人の意識の問題です。安易な取り組みとして、保育にICTやデジタルツールを導入するのではなく、豊かな感性や実体験をより深めるためのものとして、いかに活用するかが今後の大きな課題とも言えるでしょう。

写真／宮前幼稚園（神奈川県）

写真／宮前幼稚園（神奈川県）

写真／杉水保育園（熊本県）

125

2 デジタルカメラの活用

気軽に写真を撮ることができるデジタルカメラ。保育者の保育記録に使うだけでなく、子どもたちとの活動の中でも、活用してみましょう。

1～5歳児 発見を記録しよう

園庭や散歩先で見つけたすてきな物の写真を撮って、コレクションしてみましょう。きれいな花や変わった形の雲、特徴的な形の建物やマンホールのふたなど、子どもがすてきだと思った物なら、なんでもOK。子どもが見つけた物を保育者が撮影するだけでなく、子どもが自分で撮影してもいいかもしれません。撮影した写真のデータはパソコンに取り込み、プリントして掲示したりして、互いの発見を共有する場を作るとよいでしょう。友達の視点を借りることで、新たな発見につながるかもしれません。

1歳児クラスの散歩の様子を写真に撮り、短いコメントや子どものつぶやきを1枚にまとめて掲示。(神奈川県・ゆうゆうのもり幼保園)

◎◎ 保育を考える視点

これからますます、保育の中での写真活用が重要になるでしょう。子どもと保育者がおもしろいと思ったモノ、ヒト、自然物、場所などを写真に撮って掲示したりしてみんなで共有することで、それに親しみを感じ、子どもの興味・関心が広がるからです。写真は、保護者への発信のため以前に、子どもの学びのために重要なのです。(大豆生田)

(3~5歳児) オリジナル写真集を作ろう

散歩中に子どもが撮影した写真を使って、「オリジナル写真集」を作ってみましょう。写真には、子どもならではの目線で見た世界が収められています。きっと、見る人には、見慣れた街の風景が新鮮なものに感じられるのではないでしょうか。出来上がった写真集は、園内の人や保護者に見てもらえるように展示するとよいでしょう。

さらにもう一歩

撮ってきた写真を掲示するだけでなく、サークルタイムなどでの子どもとの対話にも活用してみましょう。保育者がフォトカンファレンスを行うように、子どもだって、写真をもとに感じたことを語り合い、個々の興味・関心や実感に即して日々の保育をつくることに参画できます。（三谷）

(3~5歳児) 子どもの写真展覧会

散歩中に子どもが撮影した写真を使って、街中でパネル展示をするのはいかがでしょうか？　できれば、商店街のアーケードや図書館など、さまざまな人の目にふれる場所での展示がお勧めです。写真を撮った際の子どもの気持ちや言葉も添えて、写真とともに子どもの声を発信します。写真を通して子どもの表現を知ってもらうのはもちろん、子ども目線の写真を通して、地域の人が街を再発見する機会にもなるでしょう。展示スペースの一角にテーブルや用紙を置き、感想を残せるようにすることで、見に来てくれた人とのつながりも生まれます。

127

街の人の写真も募集「ごちゃまぜ展覧会」

　子どもの写真展覧会をきっかけに、今度は地域の人の写真も募集してみましょう。子どもの写真展覧会の会場に、二次元バーコードなどを用意し、気軽に投稿できる工夫をします。例えば、「この街の好きなところ」をテーマに募集することで、それぞれの視点でとらえた街の魅力が集まります。同じテーマのもとに、子どもの写真、大人の写真をごちゃまぜに展示することで、それぞれの見ている世界をともに味わう経験や、改めて自分たちの住んでいる地域の魅力を知るきっかけにもつながります。

さらにもう一歩

　撮影した写真をもとに、自分たちの住んでいる地域について、子どもと語り合ってみましょう。また、その内容を保護者と共有すると、子育て当事者の視点からの地域が見えてきます。その過程では、さまざまな要望も出てくるでしょう。きっとそれらは、新たな催しや活動が生まれるきっかけになります。（三谷）

実践園の保育者より 試して、撮って、まとめて、共有すると……

　コロナ禍でできなくなったプールあそび。でも、そのおかげで、さまざまな発見や活動が生まれました。コロナ禍以前のようにプールを設置するのではなく、竹で囲んだブルーシートにひざ下くらいまで水をはると、その中でダイナミックに水あそびをする子もいれば、水面の輝きに魅せられて観察する子や、泥あそびに発展させる子など、それぞれの興味・関心にもとづいて、多様なあそびが生まれる場となりました。そんな中、竹の囲いから水がもれ、緩やかに流れていく様子に気がついた何人かが川作りを始め、いろいろな物を流していきます。落ち葉、枝、紙、ビニール、サンダル……。いろいろ試していくうちに、流れる物と流れにくい物があることに気がついていきます。子どもたちは、それらを写真に撮り、その結果を、保育者がドキュメンテーションを作成するかのように、子どもたちなりに必死にまとめていきます。まとめた内容をサークルタイムで共有し、そこから浮く物と浮かない物や、流れやすい素材や大きさへの気づきが生まれ、船作りへと発展していきました。　　　　　　　（神奈川県・新大船幼稚園）

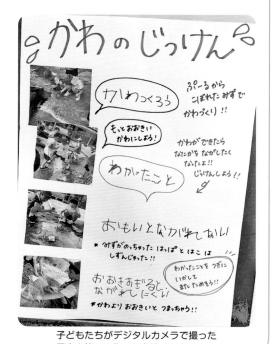

子どもたちがデジタルカメラで撮った
写真を使って作った実験のまとめ。

(3~5歳児) デジタルカメラで定点観測

何日も継続して撮影することで、はっきりと目に見えた違いがわかることもあります。子どもたちの新たな気づきや、驚きの発見があるかもしれません。デジタルカメラを有効に使って、保育を豊かにしていきましょう。

大きくなったねー

●例えば…… 栽培記録に活用しよう

園庭やプランターで栽培している、野菜や花などの植物を観察する際、デジタルカメラを活用するのもお勧めです。子どもたちが絵や文字で記録するのも楽しいですが、カメラを使うと、よりリアルな記録が残り、振り返りが可能になります。毎日同じ場所・同じ角度から撮影しておくと、どのように生長したのかが見えやすくなります。保育者も一緒になって、記録作りに参加してもよいでしょう。

●例えば…… 空や雲を記録してみよう

園庭の同じ場所に立って、毎日空を撮影してみましょう。いつもは意識しない空の色や、雲の形の変化に気づくきっかけになるかもしれません。もしかすると、空の撮影をきっかけに、天気や季節による雲の変化などに興味をもつ子どもが登場する可能性も。そんなときは、新聞のお天気欄を掲示したり、タブレットで天気図などを見られるようにしたりするなど、関連する情報を用意することで、よりワクワクした探究につながるかもしれません。

きれい！

うろこ雲だ！

◎◎保育を考える視点

写真を撮るということは、日常の中でなんとなく通り過ぎてしまう場面を意識化することでもあります。空や雲もそうですよね。雲のことで子どものつぶやきなどがあったら、そこから意識して写真に残してもよいかもしれません。それを並べて壁面にはってみる。クラスに雲ブームが起こったら、おもしろいですね。（大豆生田）

●例えば…… 木々を観察してみよう

　いつも出かける公園の木々を、定期的に撮影してみましょう。その都度、木の美しさや、枝・葉の様子を知ることができるだけでなく、1年を通して変化していく様を知ることができます。まずは、保育者が意図的に撮影し、保育室の壁に掲示することで、興味のきっかけとしてもよいかもしれません。その後、撮影した写真を継続的に掲示することで、季節による変化が見えやすくなります。季節を知るだけでなく、色の美しさや、気温の変化などに、関心を広げる子どももいるかもしれません。

●例えば…… 商店街を撮影してみよう

　地域にある商店街の通りは、季節ごとに飾り付けや、並ぶ商品、賑わいなどが変化します。そんな身近な変化に、少し意識を向けることは、実は社会事象を知ることにもつながります。散歩で商店街を通った際などに、意識的に撮影しておきましょう。園に帰った後、写真を使って子どもと一緒に振り返り、気づきを共有することで、商店街そのものへの興味が膨らむだけでなく、次に出かけた際に変化に気づきやすくなるかもしれません。

👀保育を考える視点

　一見、毎日何も変化がないような、地域の木々や草花など季節の自然も、川や公園も、商店街も、住宅街も、子どものつぶやきに耳を傾ければ魅力的な資源にあふれているのです。大人以上に子どものほうが発見の天才かもしれません。その発見のつぶやきに目をとめて写真を撮ってみるところから学びが生まれるかもしれません。（大豆生田）

column

ドキュメンテーションは単なる
保護者への発信ツールではない

大豆生田啓友
先生

　今、全国的に保育の場でドキュメンテーション（写真記録）が広がっています。それは、子どものあそびを通しての学びのプロセスを「見える化」する有効なツールとして、大きな効果を発揮しているからです。しかも、ICT化が進み、上手に使えている園では、保護者に手軽に発信ができるようにもなってきています。

　しかし、ドキュメンテーションは、単なる保護者への発信ツールではないのです。そもそも、ドキュメンテーションとは毎日の保育の記録の方法です。写真や動画を活用することによって、より豊かに子どもの学びを可視化するのに適しています。写真などを使って、視覚的に子どもの姿などが見えるため、他者との共有や対話が豊かになりやすいでしょう。だから、保護者のみならず、同僚や子どもとの対話にも効果的です。

　本書では特に、子どもとの対話の共有や対話のツールとして、写真が有効であることが随所に出てきます。子どもの姿の写真のみならず、子どもの作品や散歩で見つけた草花や標識などを撮ったものなど、さまざまな写真が保育の中では活用できます。写真を壁面にはったり、写真を使った絵本や1冊のファイルを作成したり、模造紙の地図の中にはったりなど、さまざまな場面で活用できるのです。活用のアイディアは、まだまだ広がっていく可能性があるでしょう。これらもドキュメンテーションなのです。

　ドキュメンテーションを保護者への発信ツールとしてしか使っていないと、ただ、「今日は、〇〇していました」の報告型記録になりがちです。これでは、保護者にワクワク感は伝わりません。もったいないです。ドキュメンテーションは、子どものワクワクを、保育者がワクワクしながら記録するとなお効果的です。それは、結果的に保護者のワクワクにもつながるのです。だとすれば、もっと子どもと楽しむ写真記録として、ドキュメンテーションを活用することをお勧めします。

写真／宮前幼稚園（神奈川県）

131

3 その他のICT機器も、活動に取り入れてみよう

タブレットなどのICT機器は、今や、子どもにとって身近なアイテムです。ぜひ、保育の中でも、ツールの一つとして活用してみましょう。子どもと一緒に、使い方や使うときのルールなどを確認したら、保育環境の一つとして用意します。具体的な活用方法を紹介します。

2~5歳児 タブレットを活用しよう

最近は、家庭の中でタブレットを使い慣れている子どももいます。保育の中で、有効な活用方法を伝えていきましょう。

●例えば…… 調べるときのツールとして

植物の栽培や生き物の飼育など、日々の保育の中で子どもの興味・関心を探究していくと、たくさんの疑問や課題と出あいます。まずは、子ども自身が考えたり、仮説を立てたりしながら、探究を進める経験は大事ですが、それでも解決できないときは、タブレットを使うのもよいかもしれません。タブレットを使って調べる中で、自分たちが立てた仮説がどうだったのかを確かめたり、新たな知識を得て、次の活動につなげたりするはずです。「正解」を導き出すためではなく、やりたいことを「さらに探究するため」のツールとして活用できるとよいでしょう。

友達と話し合いながらタブレットで調べもの。
（栃木県・認定こども園さくら）

●例えば…… 憧れの対象を記録した写真・動画を見ながらあそぶ

例えば、神楽に興味をもった子どもが、それらの動画を見ながらまねて踊ることを楽しんだり、ステンドグラス作りに挑戦する子どもが、有名なステンドグラス作家の作品を見ながらデザインを考えたりと、タブレット越しに憧れの存在を見ることであそびが盛り上がったり、イメージが広がったりすることがあります。子どもの興味に合わせて必要な環境を考える際、タブレットもその一つになるのです。

●例えば…… 子どもが撮りためた写真を共有するツールとして

虫に興味をもっている子どもが、園庭や散歩先で見つけた虫を、次々にタブレットで撮影していきます。それらの写真を、「生き物図鑑フォルダ」に入れておくことで、電子図鑑のように、子どもたちが活用することができます。もちろん、プリントしたものをファイリングして、絵本コーナーに置いておくのもOK。目的に合わせた使い方を考えるとよいでしょう。

あっ！今日公園にいた虫はこれだ！

◎◎ 保育を考える視点

ICTツールは収集・整理する機能としても便利です。情報量が多い場合など、上手に活用できるとよいですね。その一方で、ここにも書いてあるように、虫を収集する手応えとしてタブレットで管理するのがよいか、プリントして手にするほうがよりワクワクを実感できるかは、保育者が判断する必要があるかもしれません。（大豆生田）

実践園の保育者より より興味・関心を広げるツールとしてのタブレット

タブレットを保育に導入したのは10年くらい前だったと思います。当初は、「タブレットばかり見ているようになるのでは？」「友達同士の会話が少なくなるのでは？」「有害なサイトに接続できないようにしては？」などと、否定的な意見が出ました。タブレットを入れた時期には、確かに物珍しさからそのような状況はありましたが、2か月もするとタブレットを長時間見ている子どもの姿はありません。絵本などを友達同士で見ている姿が多く見られ、以前の姿と同様に思えました。しかし、ある保育者から園内にないカテゴリーに興味・関心をもっている子どもたちは、タブレットを多く活用しているとの報告がありました。そこで、保育室の中に、より多種多様な絵本や図鑑、雑誌などを置くことで、タブレットが「興味・関心をより広げるツール」として保育環境に定着していきました。

当初は時間制限（決まった時間10時30分〜11時30分・14時〜15時）や、接続制限などを行っていましたが、現在は両方とも制限はかけていません。しかし、1台のタブレットの1週間の稼働時間は1時間程度、ほとんど保育者のサポートデバイスとなっています。　　　（栃木県・認定こども園さくら）

絵本にも載っていないことに興味・関心が広がったときに、タブレットを使う様子が見られた。

※4・5歳児は10人に1台程度（子どもたちが自分で操作。導入当初は20人に1台程度）、3歳児は15人に1台程度（保育者が操作。導入当初は20人に1台程度）。

（3〜5 歳児）デジタル顕微鏡を使って、身近なものを観察してみよう

　子どもが捕まえた生き物や、摘んだタンポポの綿毛など、身近なものを虫眼鏡で観察することはよくあるかもしれませんが、デジタル顕微鏡で観察してみるのはいかがでしょうか?

　デジタル顕微鏡を使うことで、それまで知っている虫や花とは異なる、見え方・発見を得られるかもしれません。一人一人で楽しむこともできますが、スマートフォンやパソコンにつなぐことで、友達と一緒に観察したり、発見を共有したりすることができます。自分たちで撮影したミクロの世界の写真を使って、「これはなんでしょう?　クイズ」をしたり、観察した自然物をきっかけに、自然界にある形や模様に興味をもったりと、あそびの広がりも生まれそうです。

本で調べながら観察できるように、本棚の近くにデジタル顕微鏡コーナーを設置。（熊本県・杉水保育園）

（3〜5 歳児）デジタル観察コーナー

　生き物の飼育ケースや生き物図鑑、お世話セット、虫眼鏡と一緒に、デジタルルーペやデジタル顕微鏡などもセットで用意し、生き物コーナーを作ってみましょう。ICT機器を使って、よりくわしく観察できることで、生き物への関心を深めたり、関連する情報を調べたりできます。新たなあそびの展開が生まれるかもしれません。

かんさつコーナー

さらに
もう一歩

　さまざまなICT機器を活用するからこそ見えてくる世界があります。例えば、虫や植物の生態、それらが居心地のいい環境などもその一つです。調べる対象を、保育に「使えるモノ」（教材・資源）としてだけでなく、対象の側から存在することの意味を、考える機会にしていくことが大事です。子どもたちの感性から、私たちが教えられることがきっとたくさんあります。（三谷）

(3〜5歳児) 音集め散歩に出かけよう

集音器やICレコーダーを用意して、身近な音集めに出かけてみましょう。目には見えない音ですが、道具があることで意識が向きやすくなります。川、風、車、チャイムの音など、耳をすませば、街の中にはいろいろな音があふれています。子どもが発見した「音」を、次々にコレクションしていきましょう。その後の展開によりますが、後で聞いたときに、「だれ」が見つけた「何」の音か、わかるようにしておくことがお勧めです。

(3〜5歳児) 音を重ねるアプリを活用してみよう

ままごとの食器をたたいたり、石を打ち鳴らしたり、ウッドデッキで足踏みをしたり……。子どもたちが見つけた「いい音」を録音したら、今度はその音を重ねたり、つなげたりして、一つの曲作りに挑戦。子どもたちにパソコンの操作が難しければ、保育者が操作してもかまいません。その際は、できるだけ子どもと一緒にパソコンに向かい、子どもの思いや意図を聞きながら、一緒に作業を進めるとよいでしょう。出来上がった曲は、発表会で披露したり、園のイベントでBGMとして流したりと、一つの音楽として活用してもすてきですね。

◎◎ 保育を考える視点

音探しや音集めなどには、日ごろ意識していなかった音に興味をもつ手段として、ICTが活用できる可能性があります。また、集めた音を重ねて音を表現することのおもしろさに活用するのもよいですね。楽器が苦手な子でも、手が出る可能性がありそうです。一方、ここからアナログの音あそびへの展開を考えてもよいかもしれません。（大豆生田）

（3~5歳児）プロジェクターで発見を共有

　プロジェクターやスクリーンなどの機器も、使い方によって魅力的な保育環境になります。例えば、子どもがあそびの中で見つけた発見を写真で記録し、後にプロジェクターを通して友達に紹介したり、ブロックで作った動物を使ってお話を演じ、その様子を動画で記録したものを紹介したり、使い方はさまざまです。保育室に常設することは難しいかもしれませんが、選択肢の一つとして考えられるように、事前に子どもに紹介する機会を作るとよいかもしれません。

川で カモの 赤ちゃんを 見つけました

（3~5歳児）映像の中であそぶ

　さまざまな模様や色を感じられる映像をプロジェクターで投影し、模様の中であそんでみましょう。体に色が映ることをおもしろがったり、模様の動きに合わせて体を動かしたりと、楽しみ方はさまざまです。いつもとは異なる空間の中で、子どもの表現が引き出されるかもしれません。既存の映像で楽しんだ後は、自分たちで映像作りに挑戦するのもお勧めです。きれいな風景を撮影したり、おもちゃや素材など、あそびに使うアイテムで模様を作り出したりと、それ自体があそびとして展開していきます。また、目に光が入っても大丈夫なように、プロジェクターの光量を調整するなどの配慮をしましょう。

さらに もう一歩

　保育でさまざまなICT機器を使用する場合、OHPを影絵あそびに使うなど、本来の使用目的とは異なる形で使用することで活動が広がり、深まっていくことがあります。どんなことができそうか、まずは大人たちで試してみてもいいかもしれません。また、保護者で得意な人からレクチャーを受けてもいいでしょう。（三谷）

（3〜5歳児）動画を撮ってオリジナル映画作り

　例えば、子どもの手作りの人形を使って、人形劇を演じたり、砂場に作ったジオラマに、恐竜のフィギュアを置いて、ストーリーを演じたりする様子を、動画で撮影します。その動画を、そのまま「オリジナル映画」として上映してはいかがでしょうか？　映画館ごっことして、クラス内で上映するのはもちろん、保護者や近隣の人向けに上映会をしてもよいでしょう。人形劇のようなお話以外でも、散歩中に子どもが見つけた生き物の映像や、お気に入りのあそびの紹介など、子どもたちがおもしろがっている世界を切り取って、映画を作るとよいでしょう。見てくれた人に、子どものことを知ってもらう機会にもなります。

👀 保育を考える視点

　あそびの中で動画を活用することで、活動が大きく広がる可能性がありますね。ただ重要なのは、子どもが人形作りに試行錯誤する姿がまずあって、それをさらに豊かに表現するための道具であるということです。動画やICT活用はとても便利でおもしろいのですが、だからこそ留意したい点です。（大豆生田）

実践園の保育者より
ツバメとの共同生活とICT機器の活用から生まれたもの

保育者がそっと巣の中をスマートフォンで撮影。

撮影した動画をパソコンで見てみる。

　5歳児クラス前の外廊下の屋根裏に鳥が巣を作ったことをきっかけに、子どもたちの間で、鳥の正体を巡って意見が分かれます。そんな様子を見て、担任が鳥の特徴を捉えた大きな写真を用意すると、その写真を手がかりに鳥の観察を始め、ツバメであることがわかりました。外廊下に机を出し、ツバメの巣を見ながら絵をかけるコーナーを設置したり、カラス除け（鬼の絵）やひなが落ちたときのためのベッド、落ちてくるふんのためのトイレ作りなど、子どもの声からいろいろな活動が生まれていきました。愛着がわけばわくほど、巣の中の様子が気になる子どもたち。どうやったら、ツバメも自分たちも安全に巣の中を見ることができるかを話し合い、自撮り棒とスマートフォンを使って撮影してみることに。そこには5つの卵がありました。早速、プロジェクターを使ってクラスのみんなで鑑賞し、ますますツバメの生態への関心が高まります。1週間後、ふたたび撮影すると、5羽のひながかえっていました。その動画をスクリーンで子どもたちと鑑賞した後、あらかじめ担任が準備していた絵本『ツバメのたび』（作・絵／鈴木まもる　偕成社）の読み聞かせを行うと、子どもたちから下の学年の子にも見せたいという声が起こります。1週間後にホールを映画館に見立て、上映会を開催することになり、子どもたち自身でポスター作成や会場設営を行うなどの準備を進めて、0〜4歳児や保育者を招いての上映会を行いました。　　　　　（神奈川県・宮前おひさまこども園）

（3〜5歳児）オンラインビデオ会議ツールを保育環境に

大人の世界では、オンラインのビデオ会議は、今やよく見かける風景となりました。子どもたちにとっても、ふだん出あえないさまざまな人とつながる絶好の機会です。有効に活用しましょう。

●例えば……
別の園と交流会をしてみよう

年に数回、イベント的に計画している近隣の園との交流も、オンラインビデオ会議ツールを活用することで、もっと日常的に実施できるかもしれません。例えば、互いの園の盛り上がっているあそびを紹介し合ったり、互いの園の情報をクイズとして出題し、カメラを通して答え合わせをしたりと、ふだんのあそびの延長線上で楽しむことができます。また、オンライン会議で、次の交流会の内容を、子ども同士で相談して計画することも可能です。違う場所にいながら、同じ目的に向かって協力する楽しさを味わうことができます。

●例えば……
別の地域の友達とつながろう

オンラインビデオ会議ツールを活用することで、気軽に出かけられないような、遠方の園との交流が可能になります。地域が異なれば、自然環境や天候、文化も異なります。互いの特色を紹介し合うことで、より広い視野で社会を知るきっかけになるかもしれません。

●例えば…… 外国とつながろう

　外国への興味が生まれた際は、ぜひ、その国の人とつながってみるのがよいでしょう。言葉を使って、十分にコミュニケーションをとることは難しいかもしれませんが、自分とは異なる目の色、肌の色の人にふれることは、それだけでも世界を知ることにつながります。園内のスタッフだけで難しい場合は、地域の人の力を借りることも大切です。例えば、英会話スクールの先生や、近隣校のALT（外国語指導助手）など、外国語が話せる人に協力をお願いすることで、より豊かな交流が期待できるかもしれません。

さらにもう一歩　何がなんでもICT機器を活用すればいいというわけではありません。実際に五感を使うからこそ心が動かされ、わかることや生まれる問いがあります。一方で、ICT機器を活用するからこそ、わかることや生まれる問いもあります。今、子どもたちがどんなことに心を動かされているのかをつかむことが出発点になるのは、ICT機器の活用においても変わりません。（三谷）

実践園の保育者より

専門家とつながろう

　当園の子どもたちは、近くの川で見つけたイモリを育てようとあれこれ図鑑で調べていました。でも、子どもたちだけで調べるのには限界があり、その間に、イモリは少しずつやせていきます。そこで保育者は、イモリにくわしい専門家として、近隣の高校の生物の先生（卒園児保護者）とオンラインでつながることを計画しました。はじめてのオンライン会議、子どもたちはちょっぴり緊張していましたが、イモリについて聞きたいことを質問。その結果、イモリが気持ちよく過ごせる環境を飼育ケース内に作ったり、餌を用意したりすることができました。子どもたちから「イモリ先生」と呼ばれるようになった高校の先生は、その後もオンラインでつながりをもってくれました。子どもたちは、イモリについてくわしくなっただけでなく、イモリがいる自然環境をこれからも大切に守っていきたいという思いをもち始めました。オンラインツールを使うことは、専門家と「いつでも、何度でも」つながることを可能にしてくれると感じました。

（島根県・認定こども園神田保育園）

「イモリを見つけたよ！」と見せる子ども。

「イモリ先生」にオンライン会議で質問。

探究することの「おもしろさ」を
味わい直すきっかけに

三谷大紀
先生

　ICT機器を活用する際には、子どもの「知りたい」「やってみたい」という好奇心がベースになっていることが不可欠です。そして、予想したこと、感じたこと、予想し得なかったことなどを自分の言葉で豊かに語り合いながら、一体どうなっているのかを探り、新たな発見や問いが生まれることに「おもしろさ」を見出せることが大事だと考えます。短絡的に、「正解」や「結果」を得る目的でのICT機器の使用は避けたほうがいいでしょう（結果として、そうだったのかと納得する場合も当然ある）。むしろ、子どもは「じゃあ、こういう場合はどうだろうか？」「こっちはどうなっているんだろうか？」「こんなふうにも使ったらどうだろうか？」といったように新たな問いを次々に生み出し、想定外の結果さえも受容し、新たなチャレンジの出発点とするといったように、その活動自体に楽しさを見出すと思います。でも、つい私たち大人は、ICT機器を活用すること事体を目的化し、結果を得る（目的を達成する）ことばかりに関心が向き過ぎ、どういうことをして、どういう道具を使えば、どういうことが実現可能かといったことばかりに意識がとらわれてしまうことはないでしょうか。目的の達成が大事な場合もあります。ただし、先に述べた「おもしろさ」を見出す機会が保障されていない場合には、自分たちが「知りたい」「やってみたい」から使うのではなく、使うことがよいとされているから使い、使い方にしても、大人が与えた課題に即して限定され、正解・成果主義に陥ってしまいます。

　ICT機器の活用を通して、むしろ学び直す必要があるのは私たち大人かもしれません。子どもだったらどう使うか、子どもの側から子どものまなざしで考えていくのです。そして、今まで私たち大人が、子どもに対して「教える」ことで、子ども自身が探究することの「おもしろさ」を味わう機会を奪っていなかったかを確認し、事実をたくさん正確に知る（与える）のではなく、大人である私たち自身が試行錯誤をくり返しながら、探究することの「おもしろさ」を味わい直すことが大事なのかもしれません。

写真／杉水保育園（熊本県）

社会に関するオススメ本

子どもが「まち」に出て、社会を知ろうとするときに、ぴったりの本が勢揃い。
社会にはどんな仕事があり、地域の人はどのように暮らしているのか？
地域に一歩を踏み出すために、編・著者からオススメ本を紹介します。

● 大豆生田啓友先生からオススメ！

特にオススメ！

子どもに向けたオススメ本

パパはジョニーっていうんだ

ボー・R・ホルムベルイ／作　エヴァ・エリクソン／絵　ひしき あきらこ／訳（BL出版）

私の大好きな絵本です。両親が離婚したために、パパとは離れて暮らすティム。ティムはある日、パパと二人で会えることになりました。そのことがうれしくてたまらないティム。パパと二人で映画館、レストラン、図書館などに行くのですが、みんなに「パパはジョニーっていうんだ」と、紹介したくてたまらないのです。随所で、パパを大好きに思うティムの気持ちが痛いほど伝わってきます。この絵本を5歳児などに読むと、「ぼくもパパがいないけどね」などと、自分の家族のことを語り出す子もいます。両親と暮らしている子どもも、「僕のパパはね」と話してくれます。さまざまな家族の話が、クラスで共有される時間となるのです。ひとり親家庭で育つ子どもがかなり増えました。ただ、日本ではそうしたことを描いた絵本はあまりありません。これからは、多様な家族の形があることを互いに理解、尊重し合える社会であることが、ますます大切になると思います。

子どもに向けたオススメ本

『ゆかいなゆうびんやさん』シリーズ

ジャネット＆アラン・アルバーグ／作　佐野洋子／訳（文化出版局）

うちの子どもたちが小さかったころ、よく読んだ絵本。郵便屋さんがあちこちを回っていく様子が、子どもたちにはとても興味深く思えるようです。しかも、この絵本には実際にいくつもの手紙が封筒に入っているのが、とても魅力的。保育室に置く場合は、この手紙が紛失しないように丁寧に扱うことが必要かもしれません。

大人に向けたオススメ本

ジョン・デューイ
民主主義と教育の哲学

上野正道／著（岩波書店）

私たちが今回書いた『子どもと社会』の理論的背景にあるのが、ジョン・デューイの教育論です。アクティブ・ラーニング、協同的な学び、プロジェクト学習など、現代の教育の重要テーマの原点の多くは、デューイにあるとも言えます。デューイの民主主義と教育を考えるうえで、入門書としてベストだと思います。

大人に向けたオススメ本

子どもが対話する保育
「サークルタイム」のすすめ

大豆生田啓友・豪田トモ／著（小学館）

拙著の紹介で申し訳ありません。今、日本中で子どもと子ども、子どもと保育者との対話の取り組みが大きく広がっています。ただし、その取り組みは実に多様です。この本では、柴田愛子さんのインタビューや、園でのさまざまなサークルタイムの実践を紹介しています。明日から、サークルタイムをやってみようと思える本です。

● 三谷大紀先生からのオススメ！

特にオススメ！

子ども・大人に向けたオススメ本

キュッパのはくぶつかん

オーシル・カンスタ・ヨンセン／作　ひだにれいこ／訳（福音館書店）

個人的なことですが、我が子たちが大好きな絵本でした。近所の公園や雑木林からいろいろな物を拾ってきては、並べたり、飾ったり、それらを素材に作品を作ったりしていました。丸太の男の子キュッパも、森でいろいろな物を集めてくるのが大好き。でも、集めた物で部屋はすぐいっぱいに（我が家もそうでした）。キュッパは、集めた物を分類して、ラベルをはって、みんなにも見てもらうために博物館を開くことにします（我が子たちもキュッパから学び、整理していました）。博物館を開いたら、今度は記録に残します。展示してあった物は、森に戻したり、リサイクルしたり、中には芸術作品に早変わりした物まで。そんなキュッパが試行錯誤していく姿はもちろん、その過程で生まれる友達やおばあちゃんとのかかわりは、園外に出かけ、そこからいろいろなあそびが発展し、いろいろな人と出あっていく子どもと社会のつながりそのもののようです。子どもにも、大人にもオススメの一冊です。

大人に向けたオススメ本

まち保育のススメ
―おさんぽ・多世代交流・地域交流・防災・まちづくり―

三輪律江　尾木まり／編著（萌文社）

保育や子育ての観点からまちづくりを考えるうえで、多くの示唆を得ることができる本です。「子ども」と「まち」との関係に着目した調査研究だけでなく、具体的な実践例や手法についても紹介しています。お散歩や地域交流を再考する際の手がかりになる1冊です。

大人に向けたオススメ本

学習する学校
子ども・教員・親・地域で未来の学びを創造する

ピーター・M・センゲ 他／著
リヒテルズ直子／訳（英治出版）

とても分厚い本。でも、最初から読まなくても大丈夫。興味をもったところから、事典のように読めます。学校が「教える」組織から「学ぶ」組織に変わるには、どうあったらいいのか。「学校と社会がつながれば、『学び』は根本から変わる」と、本書に示されている教室、学校、地域コミュニティにおける改革の指針とその発想は、きっと保育にも生かしていけます。

子ども・大人に向けたオススメ本

そんなわけで
国旗つくっちゃいました！
図鑑

栗生こずえ／文　吹浦忠正／監修
なかさこかずひこ！／絵（主婦の友社）

世界への興味から国旗に、国旗から世界へと、興味が広がるときがきっとあると思います。国旗や世界にまつわる図鑑や事典があると、知的好奇心が刺激されます。この本では、それぞれの国の国旗が誕生した背景や模様の意味、国の文化なども知ることができます。大人も楽しめます。

● 佐伯絵美先生からオススメ！

特にオススメ！

子どもに向けたオススメ本

町のけんきゅう

岡本信也・岡本靖子／文・絵　伊藤秀男／絵（福音館書店）

本書は、作者が日本各地の町を歩いて見つけた考現学的採集をもとに作成された絵本です。主人公の女の子が「町の研究者」である両親と町へ出かけ、看板や郵便受け、行き交う人の服装など、ふだんは風景に紛れ込んでしまっている「町を形作るピース」の一つ一つに目を向け、発見をしていきます。細やかに描かれた絵で紹介されているそれらの発見を眺めているだけでわくわくし、その町の住人になったような気持ちになります。そして、自分も町に出かけることが楽しみになるのです。

子どもたちと地域に出かける前に『町のけんきゅう』を手に取ることで、子どもも大人も「発見」と出あうためのアンテナが立ちやすくなるかもしれません。そして、いつもの風景の中に、実はおもしろいモノ・コトがあふれていることに気づくことができるでしょう。自分たちの町の魅力に改めて気がつくことができる、そんな一冊です。

子どもに向けたオススメ本

しごとば

鈴木のりたけ／作（ブロンズ新社）

美容師、寿司職人、自動車整備士など、さまざまな仕事の現場を、絵と解説文で紹介した絵本です。仕事内容はもちろん、道具一つ一つまで丁寧にかかれており、まるで図鑑のよう。身近な職業に興味をもった際に読みたくなる一冊です。絵を隅々まで見る子どもだからこそ気づく、作者のあそび心も散りばめられています。

子ども・大人に向けたオススメ本

暮らしてみたい 世界のかわいい街

エムディエヌ編集部／編
（エムディエヌコーポレーション）

世界の美しい街並みや建物を写真で楽しめる一冊です。決して子どもだけに向けて作られた本ではありませんが、色とりどりの家が並ぶ街並みの写真にふれるだけで、世界にはさまざまな文化があることや、その魅力を知ることができます。外国に興味が広がった際に、絵本コーナーにそっとしのばせておきたい本です。

子ども・大人に向けたオススメ本

ニッポンのはたらく人たち

杉山雅彦／著（パイ インターナショナル）

日本のさまざまな会社で働く人たちを撮影した写真集。もともと小学校に配布するフリーペーパーで、「働く人」を紹介していた作者の活動がきっかけで生まれた作品です。「働くって楽しい、働くって美しい、働くってカッコイイ」、そんなメッセージが生き生きした写真から伝わってきます。身近な大人のかっこよさを説明なしに感じられる一冊です。

編著

大豆生田啓友
おおまめうだ・ひろとも

玉川大学教育学部乳幼児発達学科教授。
乳幼児教育・保育学・子育て支援などを
専門に、テレビや講演会のコメンテーター
としても活躍している。
『非認知能力を育てる あそびのレシピ』
(講談社)、『子育てを元気にすることば
ママ・パパ・保育者へ。』(エイデル研究所)
ほか、編・著書多数。

 著

三谷大紀
みたに・だいき

関東学院大学教育学部こども発達学科准
教授。幼児教育学・保育学などが専門。
『子どもを「人間としてみる」ということ：
子どもとともにある保育の原点』(共著
ミネルヴァ書房)、『「語り合い」で保育が
変わる-子ども主体の保育をデザインす
る研修事例集』(共著　Gakken)など
著書多数。

佐伯絵美
さえき・えみ

保育士、園長として、約20年保育に携
わる。現在、合同会社子どもベース代表。
著書に『ななみブックレット 保育実践者
がつくるドキュメンテーション』(共著
ななみ書房)、『新しい保育講座「保育方
法・指導法」』(共著　ミネルヴァ書房)
などがある。

 協力・写真

あさひ第二保育園 (群馬県)
あそびの森あきわ (長野県)
梅賀山保育園 (島根県)
関東学院のびのびのば園 (神奈川県)
北仙道保育所 (島根県)
新大船幼稚園 (神奈川県)
杉水保育園 (熊本県)
東条こども園 (兵庫県)
にじいろ保育園 (茨城県)
認定こども園神田保育園 (島根県)
認定こども園さくら (栃木県)
認定こども園明星保育園 (島根県)
東一の江こども園 (東京都)
広島都市学園大学附属保育園 (広島県)
日吉台光幼稚園 (神奈川県)
益田市立匹見保育所 (島根県)
宮前幼稚園、
宮前おひさまこども園 (神奈川県)
ゆうゆうのもり幼保園 (神奈川県)
横浜市太尾保育園 (神奈川県)
RISSHO KID'S きらり
岡本、玉川、相模大野
(東京都、神奈川県)

 スタッフ

編集制作 ● 小杉眞紀
カバーデザイン ● 長谷川由美
本文デザイン ● 長谷川由美・千葉匠子
イラスト ● 有栖サチコ　もり谷ゆみ
　　　　　　わたなべみきこ
校閲 ● 草樹社